相山女学園大学研究叢書46

泉州南王子村の村落空間形成

高阪謙次
Kenji Kohsaka
相山女学園大学教授

風媒社

はじめに

わが国で最大級の被差別部落とされる南王子村は、そのルーツの伝承が古代にまでさかのぼり、中世、近世そして近代にかけて、稀有な発展を遂げた村である。

この村のことを私が知ったのは、ある偶然からであった。

私はここ三〇年ほど、高齢者・障がい者に配慮した建築や街の環境について研究してきた。その関係で、日本の障がい者の居住環境史を調べていた折のこと、『近世障害者関係史料集成*』という本の中に、『奥田家文書《もんじょ》』なる史料からの紹介として、天保八年（一八三七）の「難渋人書上帳」など三点があるのが目に止まった。

そこで『奥田家文書』とは何かを調べてみた。そしてこれが、南王子村の庄屋の家に保存されてきた膨大な量の村の記録の一部を、関西の研究者たちが解読し、昭和四四年（一九六九）から足かけ八年で活字化した全一五巻のシリーズであることを知った。

実際の『奥田家文書』を見たくなり、愛知県図書館に行って閲覧した。第一巻では「南王子村明細帳」などの当時の村の地勢、産業、戸口などが記された文書や、「宗門改帳」という村民一人ひとりと家族、村の戸口が分かる文書が、丁寧に活字化されている。

＊生瀬克己編、明石書店、一九九六年

そして、その巻末付録の絵図を見たとき、私はわが目を疑った。南王子村全体について、土地の区画（筆）ごとに、所有名義人（名請）の名前、年貢高の格付け（石盛）、面積（町・反・畝・歩）、年貢高（分米）を、精細に絵図にしているのである。

この絵図は「御検地碁盤絵図」と名づけられていた。作成は寛政元年（一七八九）である。第三巻の付録には、その屋敷地のみを再録した「屋鋪絵図」もあった。レベルの高いこのような二枚の絵図を一農村が作成し、庄屋家で大切に保存してきていたことに唖然とした。

私は学生・大学院生の頃、卒業論文や修士論文で「名古屋城下町の都市構造の研究」に取り組んできた。その関係で、幾つかの城下町絵図の復刻版を見ていた。それらの城下町絵図と比べても、南王子村の「碁盤絵図」「屋鋪絵図」は、規模こそ違え、遜色のない出来栄えである。これらの絵図は、強烈な印象を私に与えた。

このことがきっかけで、私の南王子村研究が始まった。

手始めに『奥田家文書』全一五巻を買い求めるとともに、南王子村研究の最も基本的な文献である『ある被差別部落の歴史―和泉国南王子村―』*などを読んだ。

その後一年ほどして、現地に行った。平成二一年（二〇〇九）二月のことである。

村の面影は、昭和四七年（一九七二）に始まった住宅改良事業により、西教寺や八坂神社とその近隣を除いて、ほとんど残っていなかった。続いて、南王子村に縁の深い聖《ひじり》

＊盛田嘉徳ほか、岩波新書、一九七九年

神社（信太《しのだ》大明神）へと足を延ばした。ここで私は、またしても驚かされることになる。

聖神社は、規模こそ大きくはないが、中世に正一位の神階に達し、本殿は国の重要文化財に指定されているほどの格式の高い神社である。その本殿の前面に、高さ三mほどの石造の常夜灯二基一対が配置されていた。その二基の正面に「願主南王子村」の六文字が、堂々と刻されていたのである。*背面には、少し薄くなっているが、明治三三年（一九〇〇）五月にこれが建てられたことが読み取れた。

聖神社の氏子村は近世においては七カ村であり、南王子村は入っていない。近代に至っても準氏子村の扱いを受けていた。その中において立派な常夜灯一対を寄進しているのである。それほどに実力を持った村にまで明治の頃には達していたことを、この常夜灯は今に伝えている。さらには、のちに調査に行った折、御旅所の石造の神輿台にも同様に「氏子中南王子村」の文字が刻まれており、南王子村の明治三五年の献納であることを知った。**

ともすると被差別の面からのみ見られがちな南王子村が、立派な絵図や、膨大で緻密な『奥田家文書』、そして格式の高い神社の常夜灯、神輿台を今に残している。一つの村のこうしたエネルギーや逞しさは、どこから来ているのであろうか。私の南王子村研究の基本的な問題意識、スタンスは、この頃、このあたりに据えられたと言っていいであろう。

＊四三ページ写真6
＊＊四四ページ写真7

この村のルーツ（後の南王子村住民の形成核となる人々）は、古代にまで遡るとの伝承がある。そこから三回の移動を経て、最後に落ち着いた村落が南王子村である。この四つの集落・村落を経験し、そのたびに「農民」としての力量を大きく高めていった。発端は、聖神社後背の集落であるとされる。古代から中世まではこの集落で、神社やその行事の下働き、すなわち「神人」を務めてきたと伝承されている。中世には、神社境内の最も農村地帯寄りの場所「どうけが原」に移転し、そこで王子村の村域や条里地割の農地などを開墾し、農民としての基礎的力量を蓄えた。近世の初期に、一文書《もんじょ》の上では「穢多屋敷」と記されている場所に移住した。そして元禄の頃、村民の内発的な願望もあって「一村立《いっそんだて》」を遂げ、南王子村に挙村移転するのである。

この本の第一章は、こうした南王子村の背景をなしている地域空間である信太《しのだ》地区と信太山丘陵について概述している。そして古代にこの丘陵を、須恵器生産を通じて開発し、大野池を造り、聖神社とその境内という南王子村の先祖の人々の生業・生活の空間を生み出した信太首《しのだのおびと》について述べ、村のルーツの伝承を検討している。

第二章は、南王子村の先祖とされる人々が中世に暮らした聖神社境内の集落である「どうけが原」、そこから近世初頭に境内の外に移り住んだ「除地屋敷」、そして南王子村への「一村立」について、おもに地域空間、集落空間の視点から検討を加えている。

以上二つの章で参考とした資料は、『奥田家文書』に出てくる伝承の類、近年の考古学的な研究成果、近現代の地理的な資料、藤本清二郎氏の研究*、それに最近出版された『和泉市の歴史4』**などである。

第三章は、「一村立」以降、南王子村は村勢を大きく発展させるが、その概要と背景、その結果生起する「住宅問題」や土地家屋の不動産化について、おもに『奥田家文書』を史料として考察している。後年この村は、人口の多い過密居住の村として知られるようになるが、その発生の背景について述べている章でもある。

第四章は、村民の生活を容れた南王子村の空間***について、その全体的な構造と、各構成要素について述べている。『奥田家文書』の内容や、附録の「碁盤絵図」「屋舗絵図」、近年の空中写真などにより、当時の南王子村の平面図的な姿を復元した。また、街道、生活道路、王子川などの村落基盤、店や中風呂、職部屋、高札場などの生活施設についても、できる限り詳しく考察している。

第五章では災禍について述べている。過密な大村落であり、脆弱な建物が多い南王子村においては、災禍があればその被害はさらに大きくなるであろう。事実村では、大火や大地震の被害、麻疹の大流行などを経験している。そのような災禍の発生状況や火災の対策などについて、『奥田家文書』に基づいて考察した。

第六章、第七章は、以上の結果到達した明治初期の南王子村の住宅とそこでの居住の

*藤本清二郎『近世賤民制と地域社会』清文堂、一九九七年
**和泉市史編さん委員会編『信太山地域の歴史と生活』ぎょうせい、二〇一五年
***本書で言う「空間」は、場、広さ（面積・容積）、距離、地勢、景観・外観、建物やモノの配置などを含めた包括的な概念である。

状況を、主として「辛未《しんび》戸籍」と「壬申《じんしん》戸籍」に基づいて、第六章では統計的に、第七章では事例的に、明らかにした章である。この二つの戸籍は、『奥田家文書』に続いて刊行され明治期の史料を収蔵した『大阪府南王子村文書』（全五巻）の、第一巻に収められている。

南王子村の歴史に関しては、すでに前述の『ある被差別部落の歴史』（岩波新書・絶版）という著書がある。また、本書で紹介する洞察に富んだ著述が数多くなされてきている。さらに二〇一五年五月には、南王子村についても詳細に研究した、和泉市史編さん委員会編『信太山地域の歴史と生活』（ぎょうせい）が発刊された。しかしこれらの著書・著述は、多くが社会学的、経済学的な立場から書かれたものである。

それらに対して本書は、今はほとんど姿を留めていない南王子村とそれに至る歴史を、村落空間的な視点から研究しようとしたものである。

私が学問的に身を置いている建築学においては、いわゆる「不良住宅地区」の研究が、一九七五年前後をピークになされてきている。それは主として「部落」の空間的な状況を、その改良を願いつつ把握しようとしたものである。このような研究の流れの中に位置づけるとすれば本書は、「不良住宅地区」生成の初期過程を、南王子村という事例を通して明らかにしようとしたものである、と言えよう。

〔凡例〕
・本書において『奥田家文書』などの近世・近代初頭の文書《もんじょ》を引用する際には、原則として現代文に改め、筆者の注記はカッコ内に入れた。
・脚注は、本文中に＊印を付し、下の段の左隅に配した。引用のページは、単に数字のみで記す。
・『奥田家文書』は、編集が奥田家文書研究会、発行が大阪府同和事業促進協議会・大阪部落解放研究所、全一五巻である。刊行年は昭和四四年（一九六九）から五一年まで。『大阪府南王子村文書』は、編集が南王子村文書刊行会、発売が解放出版社、全五巻。刊行年は昭和五一年（一九七六）から五五年まで。両書とも、本文と脚注の引用において編集・発行・発売・刊行年は省略し、また『大阪府南王子村文書』は『南王子村文書』と略す。
・和泉市史編さん委員会編『信太山地域の歴史と生活』ぎょうせい、二〇一五年は、本文と脚注の引用において『和泉市の歴史4』と、同委員会編『和泉市の考古・古代・中世』ぎょうせい、二〇一三年は、同じく『和泉市の歴史6』と略す。
・盛田嘉徳ほか『ある被差別部落の歴史―和泉国南王子村―』岩波新書、一九七九年については、本文と脚注の引用において『ある被差別部落の歴史』と略す。
・『郷土の歩み』は、和泉市立解放総合センター〝郷土の歩み〟編集委員会編集発行による冊子である。昭和五一年（一九七六）一一月創刊、平成一三年（二〇〇一）三月の三二号までである。非売品。

泉州南王子村の村落空間形成◉目次

第一章　古代信太山丘陵と聖神社後背

古代の信太地区

大阪府和泉市に信太《しのだ》地区と呼ばれる地区がある。ＪＲ阪和線の「北信太《きたしのだ》」と「信太《しのだ》山《やま》」の二つの駅の間の距離は一・五㎞ほど、この二駅間を線路から幅七〇〇ｍほど北西へ、幅三㎞ほど東南へと、およそ四角に囲った地域が、この信太地区である。

この地区は、阪和線を挟んだ幅一・二㎞ほどの比較的平坦なゾーンと、そこから東南へ二・五㎞ほどを、ゆるゆると登ってゆく丘陵ゾーンの、二つの部分で成り立っている。丘陵は、低い丘に谷が幾つかあり、その主谷に向けて、幾つかの小さな支谷が入り込んでいくという複雑な地形である。この丘陵は、信太山丘陵または単に信太山と呼ばれている。「山」とは言っても独立的な山はなく、全体が丘陵で形成されている。

この信太地区を、古代の古墳時代中期、五世紀はじめの頃まで遡ってみると、そこにはやはり二つの至ってのどかな空間風景が出現するはずである。

そのひとつは、比較的平坦な土地のゾーンである。

当時このゾーンの幾つかの所では、弥生人の末裔たちが、まだ生産性の低い稲作を行っていたと思われる。その田地は、自然地形に沿った小ぶりな姿であったであろう。竪穴住宅などの集落も、ところどころに見られたと思われる。

　このゾーンから西の大阪湾方面に目を転じると、一kmほど先に、弥生時代後期まで続いていた大きな集落の跡地が遠望された。いま私たちが見るところの池上曽根遺跡である。そして八kmほど北には、当時ヤマト政権の中枢を担っていたと言われている勢力の本拠地があった。これは現在、百舌鳥古墳群として確かめられる。*

　ゾーンのすぐ北隣りには大園集落（現在の大園遺跡）があった。この集落が規模を拡大するのは後述のように五世紀後半からだから、この五世紀初頭の時点ではまだ小集落にすぎなかった。しかしそこは「百舌鳥古墳群造営のために組織された、土師部の系譜を引く埴輪工人の集落であった」**とされている。

　あとひとつの空間風景は、信太山丘陵のゾーンである。

　この丘陵地帯は、弥生時代後期に大規模な高地性集落（現在の惣ケ池遺跡）があったほかは、***古墳時代中期のこの頃まで、ほとんどが原生林であった。

　この原生林には常緑ガシ類や各種の広葉樹が、自然に任せるまま繁茂していた。シリブカガシという、ここを北限とするカシも見られた。マツは、狭い尾根筋などに僅かにあったかもしれないが、優勢な状態では存在しなかったであろう。****そして動物や野鳥、昆虫などを含め、多様な生物の自然循環の姿が、太古の昔から維持されてきていた。

＊白石太一郎『古墳とヤマト政権』文春新書、一九九九年、一二三

＊＊『和泉市の歴史４』五七

＊＊＊『和泉市の歴史４』二五

＊＊＊＊只木良也『森の文化史』講談社学術文庫、二〇〇四年、四四

信太首《しのだのおびと》と信太山丘陵

この古代の信太地区に大きな転換をもたらしたのは、ヤマト政権の渡来人誘致策である。四世紀半ば以降ヤマト政権は、百済などの当時の同盟国から、国の統治に必要な優れた制度や文物、技術を、時には人ぐるみ誘致する政策をとった。その結果、鉄器や土木技術、漢字や仏教の導入を含め、日本のその後の文化や精神世界、政治、経済、社会制度、国土形成に、これらの人々すなわち渡来人は、計り知れない影響を与えた。

また民族的に言っても、現代の日本人の誰もが、この時渡来した人々の「血を一〇%や二〇%は受けていると考えなければならない」*ほどの影響を受けた。

その時もたらされた技術の中に、日本にはそれまで無かった土器、須恵器《すえき》があった。これをもたらした渡来人の一人が「百済の国の人、百千の後なり」**と言われている信太首である。彼とその一族は、わが国でほとんど初めてという時期に、須恵器生産をこの信太山丘陵で開始したと推定されている。***

周知のように須恵器は、それまで日本にあった土師器《はじき》という土器とは、製法も性能もまったく異なるものである。なかでも粘土を成形する際の轆轤《ろくろ》の使用と、焼成の際の登窯《のぼりがま》の使用は、まさに新時代の到来を告げる革新的な技術であった。

信太首とその一族は、渡来時点ですでに須恵器生産の技術を持っていたか、あるいは

*関晃『帰化人』講談社学術文庫、二〇〇九年、一二

**『新撰姓氏録』和泉国、諸蕃

***中塚喬清『信太郷土史』一九八七年、一一五。中村浩『泉北丘陵に広がる須恵器窯』新泉社、二〇〇六年、六三。『和泉市の歴史4』五八

渡来後の早い時期にそれを獲得したかは別として、その特技とする須恵器を生産するにあたって、生産適地を和泉のヤマト政権（百舌鳥古墳群）の近くに物色したものと思われる。そしてその適地とされたのが、信太山丘陵だったのであろう。

須恵器生産には、須恵器工人の技術が最も重要であるが、そのほかに次の五つの条件が必須とされよう。

①陶土…焼物に適した粘土が、大量に容易に得られること。
②薪…焼成にあたって必要な大量の薪が、手近に得られること。
③地形…登窯を築くのに適した斜面地形が、豊富にあること。
④運搬…製品を消費地まで運ぶのに適した輸送手段（道、川、舟など）があること。
⑤消費地…生産した須恵器を消費する階層や都市があること。

この五つの条件に適合したのが、信太山丘陵であったと考えられる。最大の消費者と目されるヤマト政権の中枢はこの当時、四世紀末から五世紀にかけての頃は、河内・和泉地区――今の古市古墳群・百舌鳥古墳群――にあり、前述のように信太山丘陵からは八㎞ほどの近さであった。

信太首一族の最初の拠点

信太首一族は当初、この信太地区のどこに居を構えたのであろうか。そのヒントを、

表1　陶邑遺跡群の須恵器窯跡

地区		大野池	光明池	栂	高蔵寺	谷山池	陶器山	計
稼働時期の明らかな窯跡	5世紀	31	14	22	55	0	11	133
	6世紀	2	21	38	38	19	38	156
	7世紀	2	23	36	17	10	12	100
	8世紀	2	41	22	39	25	15	144
	9世紀	0	1	0	3	0	11	15
	計	37	100	118	152	54	87	548
窯跡総数		86	145	122	198	74	114	739

（複数の時期にまたがる窯跡は各々に1と数えている。アミ掛けは地区の生産ピーク期）

考古学研究者による須恵器窯跡や古墳の発掘調査の結果から得ることができる。

昭和四〇年（一九六五）から昭和五三年（一九七八）頃にかけて、泉北ニュータウンや鶴山台住宅団地の開発にあたって、泉北丘陵全体の窯跡などの考古学調査がいっせいに行われた。その結果を表1に示す。*

この表では、窯跡群が六つの地区に区分されているが、このうち大野池地区が信太首に関わる窯跡群であると推定されている。古墳等を含めて、この大野池地区のある信太山丘陵の古代遺跡を図にすると、図1のようになる。**

これによると、大野池地区の窯跡は信太山丘陵の東半分にかたよって存在していることが分かる。このうち濁《にご》り池窯は、五世紀初頭の日本でも最も古い時期の築造と推定されている。*** ここから南へ下るほど新しい窯ということになる。

信太首配下の須恵器工人は、須恵器生産のための薪

*中村浩、前掲書により、筆者が作成

**和泉市「和泉市文化財分布図」をもとに筆者が作成

***中塚喬清、前掲書、二七。菱田哲郎『須恵器の系譜』講談社、一九九六年、五九。『和泉市の歴史4』七二

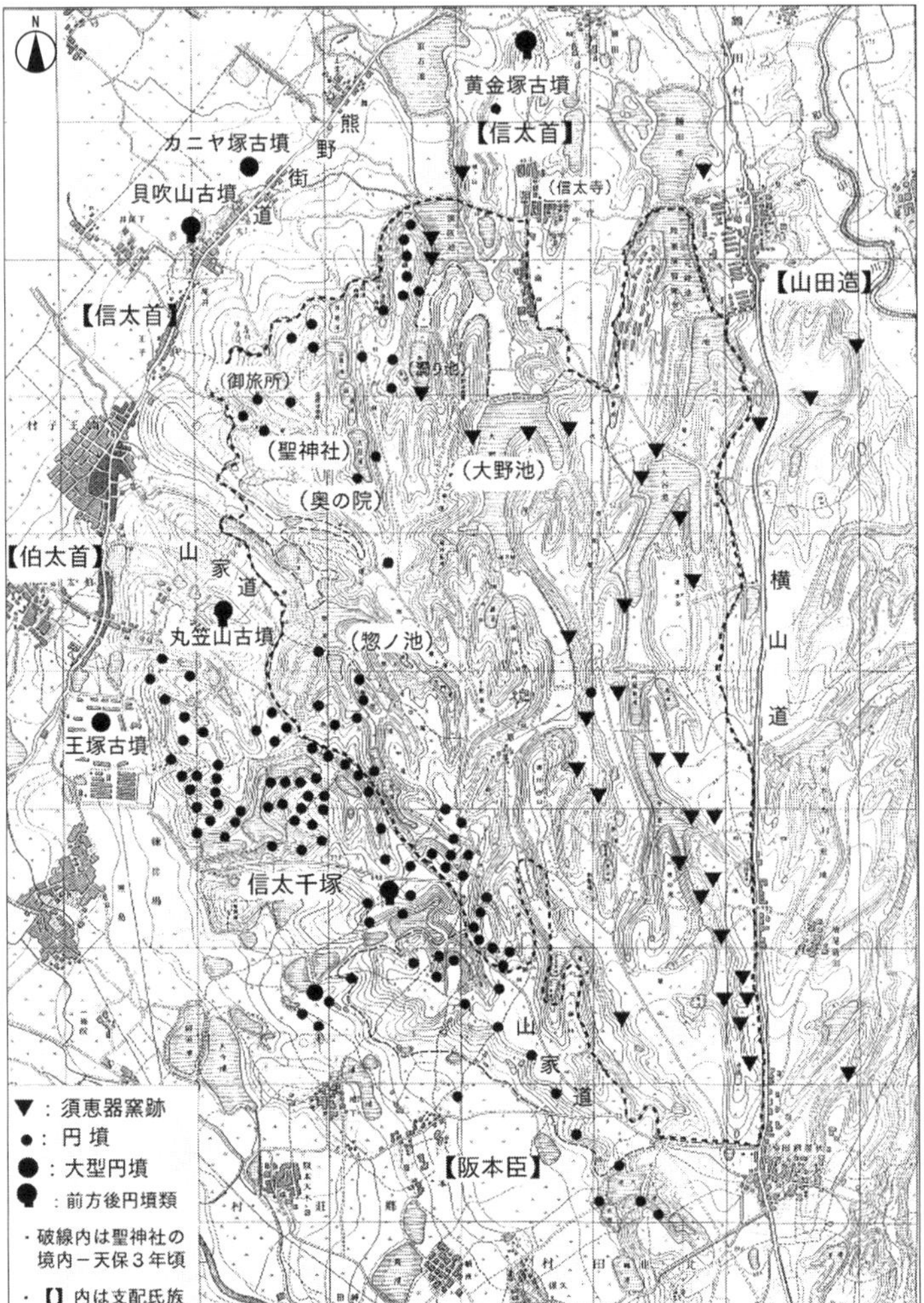

図1　信太山丘陵の古代遺跡（下図は「信太山演習場一般図＊」昭和5年）

＊『奥田家文書』第六巻、巻末付録

を窯の近辺から取り尽くすと、別の場所に新たな窯を築き、そこで続けて生産をする。そのようにして徐々に丘陵の南部に窯（生産拠点）を移動していったのであろう。*

　このことからすると、信太首一族の居住した本拠地は、最も古い窯跡の濁り池に近い、信太山丘陵の北部、現代の上代町《うえだいまち》近辺の可能性が最も高いということになる。現に上代町の二〇〇ｍほど北からは、古墳時代から奈良時代にかけての集落跡である上代遺跡が発掘されている。** この集落跡が、信太首の本拠地であったという可能性は、かなり高いと考えても良さそうである。

　上代町（以前は上代村）はもともと、上の台の村ということから名づけられた地名とされ、*** 当時、信太地区で唯一、丘陵の台上にある集落であった。須恵器づくりの工人集団の色彩の強かった信太首一族は最初、須恵器生産の便から、信太山丘陵の北縁の台上に居を構えたものと推測される。

　須恵器の生産と流通の専門家である菱田哲郎氏は、その著書で次のように述べている。****

　現在発見されている陶邑《すえむら》***** 最古の窯跡は、高倉《たかくら》地区、栂《とが》地区、大野池地区とも、平野部に近い丘陵の先端部近くにあった。また、工人のムラと考えられる同時代の集落も、さらに海よりの位置で見つかっている。最初に陶邑で須恵器を生産した技術者たちは海を越えてきた人びとであったので、その海が見えるところを定住の地に

*大野池地区の窯の移動に関しては『和泉市の歴史４』七四に触れられている
**「和泉市文化財分布図」和泉市発行、二〇〇四年印刷
***中塚喬清、前掲書、二四六
****菱田哲郎『須恵器の系譜』講談社、一九九六年、六一
*****泉北丘陵に展開するわが国最古の須恵器生産地帯

選んだのであろうか。

いまは上代遺跡として確かめられる当時の上代集落も、図2（二七ページ）の上代村のすぐ北（上）にあったわけだから、まさにその台上から、大阪湾、瀬戸内海の遠大な眺望を見はるかすことができたのである。

信太首の一族はここに住みつき、先端産業の須恵器の生産で五世紀を中心に財を蓄え、後年、大野池の築造や信太寺の建立、聖神社の創建などを通じて地元に融和、定着し、権威を高めていったのであろう。

信太首一族の須恵器

このようにして信太首と配下の須恵器工人によって作り出された須恵器は、どこに行き、どう使われたのであろうか。須恵器は当時、大変珍しいものであった。すでに朝鮮からの「舶載品」は入ってきていたらしいが、「国産品」もこの時期、陶邑で生産され始めたのである。

まず初期は、甕などの日常生活用具が多く生産されたらしい。菱田哲郎氏は次のように述べている。*

須恵器が本来持っている革新性は、堅牢で漏水しにくいという点にある。それまでの土師器は、いわば植木鉢に水を注ぐようなもので、多孔質の器壁に水分が吸収

＊菱田哲郎、前掲書、七四

されてしまう欠点があった。そこで、須恵器が登場すると、集落ではまず水を蓄えるために使いたいという要求が起こったと考えられる。栂二三二号窯や高倉七三号窯をはじめとする初期の須恵器窯では、甕が圧倒的に多く焼かれていたが、それは集落の需要を満たすためだったという説明がわかりやすい。

従って、五世紀を中心に生産された信太首一族による須恵器も、おもに甕などの「貯蔵用器種」*だったのであろう。それが、河内・和泉にあったヤマト政権の中枢豪族や、近隣の氏族、とくに信太千塚方面の（図1参照）、伯太首《はかたのおびと》、阪本臣《さかもとのおみ》、珍県主《ちぬのあがたぬし》などに提供されたと考えられる。

ところで須恵器と言えば、古墳への副葬をすぐに思い浮かべるのだが、そのように使われるのは少し後のことであるらしい。菱田哲郎氏は次のように述べている。**

五世紀の古墳では須恵器は、墳丘上や周溝への供献にとどまるのが普通である。やがて棺上、最後に棺内へとためらいがちに須恵器の副葬が始まっていく。

…六世紀初めごろから、石室内に須恵器を副葬することが一般化し、…。

信太首一族の須恵器生産は、表1の大野池地区に見るように五世紀が中心である。ということは、信太山丘陵で焼かれた須恵器は副葬には使われず、主に貯蔵用の器の類であったということになる。

この信太首の須恵器の集積・搬出は、どこで行われたのであろうか。ここからは後述

＊中村浩、前掲書、七一
＊＊菱田哲郎、前掲書、七六、七七八

の「どうきが原」の地名から考えた筆者の推測、仮説である。それは、信太山丘陵の北西端、いわゆる「どうきが原」のあった所、現在「御旅所」と呼ばれている場所を中間集積場所として、その一kmほど北西の大園集落で行われたのではないだろうか、ということである。

信太山丘陵で生産された須恵器はこの「どうきが原」に一旦集積され、そのうち一部は近隣の氏族に渡され、大部分は、当時須恵器の集散基地として形成されつつあった大園集落に運ばれたと推測したい。

大園集落は前述のように、五世紀初頭は埴輪工人の住む小集落などと推定されているが、「五世紀後半から整備された集落で、七世紀前半まで須恵器…の流通に携わった集団の集落」*「泉北丘陵地で製作された初期の須恵器の集積の場…渡来人集団によって開発された新興集落」**であるとされる。

信太山丘陵から目と鼻の距離にあることからして、また時期的な符合からも、大園集落（図2〔二七ページ〕の大園村あたり）は、信太首による須恵器生産と強い連携があったことを窺わせる集落である。

須恵器生産の行き詰まり

このようにして信太首は、須恵器を通じて富を蓄えていった。しかしこの須恵器生産

＊『和泉市の歴史6』一二七
＊＊同二一

も、百年もすると行き詰まりを見せてくる。そのことは、現代の考古学者による研究結果にはっきりと表れている。

前述の表1のように、大野池地区で須恵器生産が行われたのは五世紀が中心である。六世紀から八世紀にかけては細々と続けられているといった感じで、九世紀には完全に生産が途絶する。須恵器生産の中心地は、他所に移ってしまったのである。

なぜこのようなことが起こったのであろうか。その主な原因は、次の四つが考えられる。

①信太山丘陵すなわち信太首が領有していたと思われる地区の東側半分を、須恵器生産で開発し尽くした、すなわち薪や粘土を採り尽くしたことである。図1に見るように、丘陵の南端まで窯跡が達してしまっている。丘陵の西部はまだ空いてはいるが、次に挙げる三つの要因により、そこを開発する余力や意欲は、信太首にはもう残されていなかったと思われる。

②ヤマト政権の中枢が、五世紀末頃を境として、河内・和泉地区から他所へ移った。* これにより信太首は、自らの須恵器の大きな消費地を失ったと思われる。

③須恵器に対するブームを背景に、大量消費地により近い場所において、他の生産集団が生産を展開するようになった。また五世紀中葉以降には須恵器の流通網が全国的に整備され、ヤマト政権による管理体制も強化されてきたと言われている。それとともに、

＊白石太一郎『古墳とヤマト政権』文春新書、一九九九年、一二一、一六五

土質、品質の良い須恵器が、全国各地で作られるようになってきた。
④後述のように、活発な須恵器生産によって信太山丘陵東側では山地の荒廃が進んだと思われる。その結果、土砂流出や丘陵の保水力低下などが起こり、麓の農業に悪影響を与えたことも考えられる。

こうしたことから、先端産業の先頭打者という名誉と一定の富を残して、五世紀末には信太首一族は、須恵器の本格的生産からの撤退を余儀なくされたのであろう。

大野池・聖神社・信太寺

信太首による須恵器の本格的生産が終わってからおよそ百年後、六世紀末から七世紀初頭と推測されている時期に、大野池（写真1）が築造された。[*] この池は後年、信太郷七ケ村の水甕として信太山丘陵の中で重要な位置づけを持つようになる。

日本最古のダム式溜池である大阪府河内の狭山池の築造が七世紀前半、讃岐の満濃池の創築が八世紀初頭、行基（六六八〜七四九）が畿内で活発に溜池を築造したのが八世紀前半とされるから、大野池は、規模こそ狭山池や満濃池に及ばないものの、その築造時期はかなり早かったと言える。

この築造を誰が主導したかについては、信太首とする説が多い。[**] 時期や場所、状況からして、おそらくはそうであろう。築造の狙いは基本的には、信太首が地域政策の重点

＊『和泉市の歴史6』一二二。中塚喬清、前掲書、一一六
＊＊『和泉市の歴史4』、四四。中塚喬清、前掲書、一一六

を農業生産に置いたことにあったであろう。

加えてその背景には、信太山丘陵の荒廃という問題もあったと推察される。信太山丘陵の東半分では前述のように、百年以上にわたって須恵器生産が活発に行われてきた。そのため、豊富にあった常緑ガシ類、広葉樹などは、ほとんどが須恵器窯の薪用に伐採された。また、粘土の採取のために地面は至る所で掘られ、不用になった窯跡も数多く放置されたであろう。

写真1　大野池（向こう岸に鶴山台団地を望む）
（2015年3月撮影）

こうした行為の結果、それまで丘陵の地面全体を覆っていた、太古の昔から蓄えられてきた腐葉土は急減し、露出した地面が増え、当時の技術では窯の燃料にあまり適さなかったアカマツ・クロマツが多く残り、鬱蒼としていた原生林は、疎放な松林に化していったであろう。こうした現象が信太山丘陵の東部全域でも起こったと思われる。*

須恵器生産の結果このような「アカマツ化」が進み、加えて腐葉土が減少した結果、丘陵の保水力は大きく落ち込み、麓の平地への農業用水の安定的な供給は難しくなっていたであろう。雨季に

＊木炭の分析から西田正規氏は陶邑遺跡群の「アカマツ化」によるこうした現象を報告している。大阪文化財センター『陶邑Ⅰ』一九八〇年、一八五

写真2　現代の聖神社の本殿（右奥）と拝殿
（2013年10月撮影）

は洪水、土砂の流出が起こっていた可能性もある。活発な須恵器生産により丘陵が荒れた結果、このように、用水と治水の問題が地域的な課題として持ち上がってきていたと思われる。おそらくはこうした契機から、大野池は築造された。

大野池築造からしばらく後、七世紀後半とされる時期に、聖神社（写真2―この写真の本殿は一七世紀築造とされているもの）と信太寺が創建された。両方とも、信太首が関わった事業というのが定説となりつつある。*

聖神社は、信太地域の祭祀や地域行事の中心施設として、また「日知り（聖）」の名とも関係しているとされる暦の発行を通して、あるいは一〇世紀から始まった貴族の熊野詣なども絡んで、全体としてその経営は極めて順調に伸びていったようである。**

神社の境内（神域）は信太山丘陵の全域をカバーし、東西二四町、南北九町の広大さであった***（図1の破線の範囲）。社《やしろ》は当初から今の場所、信太山丘陵の西北端の台上、平坦部からだらだら坂を六〇〇mほど上った所に造られたのであろう。丘陵の東北端の上

*例えば『和泉市の歴史4』一一四

**大宝律令の制定が大宝元年（七〇一）である。その中に神祇令があり、聖神社の創建はそうした動向とも関係があったと思われる。

***中塚喬清、前掲書、六一。約二五七haで、ロンドンのハイドパークと同程度の広さ。

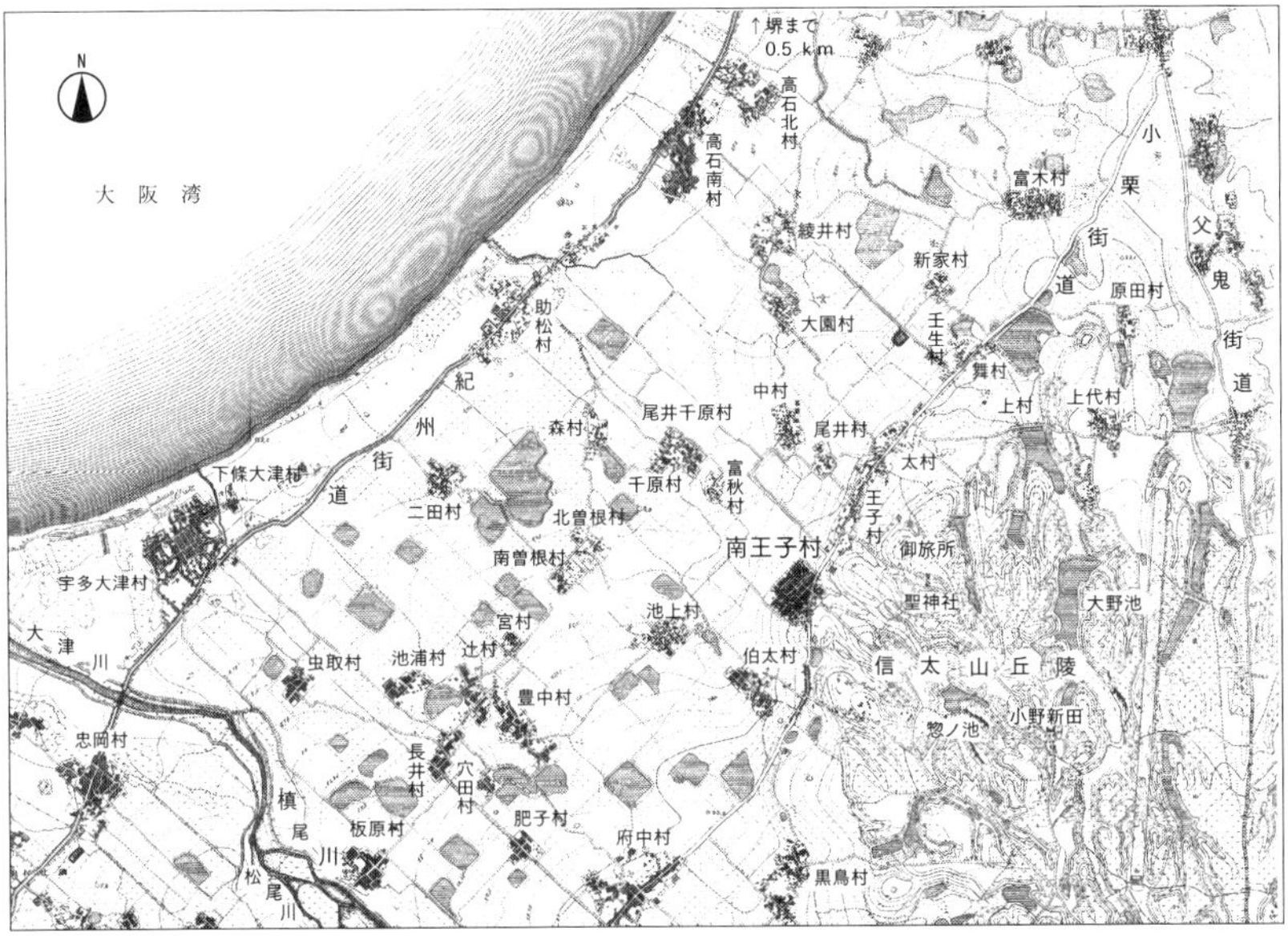

図2　南王子村周辺の村落と環境
（柏書房『明治前期関西地誌図集成』1989年、「堺」「岸和田東部」より加工）

代村すなわち信太首の本拠地からは、ちょうど丘陵の反対側の位置にあたり、信太首が自らの支配地の西方の標《しるし》にしたかと思えるような場所である。

周辺の村落と環境

さてここで、本書の地理を分かりやすくするために、ひとつの図を示したい。

図2がそれである。これは明治一八年（一八八五）時点の地図であるから、古代の頃とは、村落や農地の様子はまったく異なっている。しかし、地勢的な状態や、本書に出てくる地名などの理解には役立つはずである。

この図が古代と異なるところは、村落や池沼、演習場、それに条理地割に基づく農地の態様などである。他方、古代と変わらぬ姿は、信太山丘陵と平野、大阪湾の関係であり、現代では失われてしまった原風景を、この図は示してくれている。

図の大阪湾の海岸付近は、いまは南海本線が通っている場所であり、この海岸から先の海には現在、広大な埋め立て地、工業地帯が三㎞ほど先まで広がっている。信太山丘陵の西端から大阪湾の海岸を眺めると、この図の時代は指呼の間と言えるほどの近さであったが、いまの海岸は、はるかかなたに霞んでいるといった状態である。

そして何よりも現在がこの図と違うのは、広大な農村風景がほぼ失われ、市街地でこの辺りは埋め尽くされたことである。

ルーツ伝承

聖神社の創建後のある時期から信太首は、社や境内の維持管理などに関わる仕事をさせるための集団を、境内に常駐させたと思われる。後世において神人《じんにん》とも呼ばれるようになる人たちである。これは「じにん」とも読み、『広辞苑』によると「古代末から中世、神社に隷属して神事・雑役に奉仕する下級の神職や寄人《よりうど》」（第六版）のことである。

こうした集団が、南王子村のルーツであるとの伝承が地元にある。そのことは、明治の初めに聖神社の準氏子から南王子村が外されそうになった折に、自らの聖神社との関わりの正当性を役所に訴願した三つの文書の、文面の中に残されている。どれも共通する書き方なので、そのうち、明治四年六月の「乍恐御嘆願奉申上候」という文書を次に示す。＊

　南王子村は、明神（聖神社）が信太郷へ遷座された折にお供をしてきた者たちであり、往昔は明神本殿と万松院（奥の院）の間に居住していました。おいおい人が増え、栄えてきましたので、居住場所を境内の御旅所の坂の下、どうけが原という所に移しました。ご神慮浅からずして人口がさらに増えましたので、慶長五年に現在では字古屋敷と呼ばれている所に移り、そして元禄十一年に現在住んでいる所へ引っ越ししました。

「明神本殿と万松院の間に居住」や「どうけが原」のことについては後述するとして、このように神社に供奉する人々（神人）が、いつの頃からか聖神社の境内に居住するようになったのは、確かな話であろう。ただし「遷座された折にお供をしてきた」と、創建当初からというのは、傍証を含めて根拠の確かめられない話である。

またこの文書では、皮的づくりについて次のように書かれている。

一、毎年二月の牛皮蟇目的《うしかわひきめまと》の事

　聖大明神がこの郷に鎮護・遷座なされた時、悪魔を降伏し障碍を退散させるため、弓を射る神秘の神礼をなさいました。その時、牛皮蟇目的を屠者より献納奉りまし

＊『南王子村文書』第五巻、三三四

た。弓を射る時には、神言をこうむり奉って箭（矢）使いをする者が、七人おりました。この者の発端は大明神がこの郷へ遷座の時に供奉してきた者でして、古跡来歴は明白にあり、今でも箭取株七軒と相唱え、子々孫々連綿として相続してきております。…

すなわち、屠者として牛皮の蟇目の的を献納し、あるいは矢を射る神事に携わっていたというのである。これも「鎮護・遷座なされた時」などの時期的な根拠は薄いが、そうした神事に携わった人がいたことは確かであろう。

ところでここで、このルーツとされる人々を示すという文書《もんじょ》が残されていることにも触れておきたい。* この文書が書かれた時期は明確ではない。幕末か明治初期あたりに、伝承を綴ったものかもしれない。また、その伝承自体も長い歴史の中のどこかの時点で脚色されたものであるかもしれない。しかし注目すべき内容ではある。それを次に示す。行替え箇所には／を付けた。

泉州泉郡南王子村の来歴について、左に申し上げます。／信太聖大明神に供奉してきた者がおり、その時六（七）人でした。／名前は、アズ／ホンバヲヤホ／ヒガシバン／ト／ホンバキタラホ／チツネン／アソハン／ホンハホヘホ／

それからどれほど年数が経ったか分り難いのですが、貞観年中の頃、この聖大明神が官社の列に加えられた折に、この六（七）人は改名しました。／アズ┐** 太夫／

＊『南王子村文書』第5巻、五四二

＊＊┐の印は「……こと」という意味で使われた符号。

ヒガシバン「若太夫／ホンハキトラホ「安太夫／チツネン「助太夫／アソバン　五郎太夫／ホンパホヘホ「甚太夫／ホンバヲヤホ「与太夫／この時代には明神本社の傍らに居住していました。宝治の頃とうけか原に移り…（以下略）。*

ここでは「六人」となっているが、名前の挙がっているのは七人である。おそらくは元の文書を判読する際に、字の癖などの原因で、七を六と訳し間違えたのであろう。カタカナ書きの方は、渡来人としての百済名かもしれないが、確かなことは分からない。貞観元年（八五九）に聖神社が官社の列に加えられたのを機に、改名したとしている。この時期についても伝承としての話である。

改名後の名前の後には、全員「太夫」が付いている。この「太夫」の呼称は、神に仕える者の中で位の低い者や、技芸でもって神に仕える者に多く用いられたとされる。「太夫」の付いた名前は、江戸時代の南王子村の住民にも、例えば後述表5・表6（九七、九九ページ）における「源太夫」「若太夫」など、文書の中で散見されるが、時期が下るにつれて少なくなっている。

この七人の子孫とされる人たちは、近代に至るまで、南王子村の「箭取株《やとりかぶ》七軒」と呼ばれ、前述のような聖神社の祭礼の際や、日常の村運営における重要な家筋として、役割を果たしてきたとされる。

＊南王子青年団が一九二一年に発行した『国の光』も同様の伝承を伝えている。部落解放研究所編『被差別部落の民俗伝承・下巻』一九九四年、二一三

聖神社後背

先に見たように、「供奉の者」は「明神本社の傍らに居住」しており、後に神宮寺としての万松院が建てられてからの表現としては、「明神本殿と万松院の間に居住してい」たという。遷座の時の「供奉の者」かどうかは分からないが、おそらくはいつの頃からか、そうした神人がその場所に集落を営んでいたことは事実なのであろう。

その場所は、現在ではどこにあたるのであろうか。それは「和泉市文化財分布図*」に載せられている「聖神社遺跡」である可能性も、僅かながらあるのではないかと思う。

この分布図には、この遺跡は「中世」の遺物の「包含層」とだけしか書かれていない。そこで筆者は、和泉市教育委員会文化財振興課にメールで問い合わせてみた。そうしたところ「この遺跡は、昭和五十年代初めごろに行なわれた聖神社本殿末社の防災設備の埋管工事に伴う立会調査によって確認され、その限られた範囲で確認されたのみで、中世の遺物が包含されているということ以上の情報は得られなかった」との返事であった**。

この分布図における「聖神社遺跡」の場所が、ちょうど本殿と万松院（奥の院）があった場所の中間にあたっており、遺跡が中世遺物の包含層であるということから、また中世の頃にはその場所に「供奉の者」がいたという伝承があることから、この遺跡は、彼らの居住場所の痕跡の可能性があると考えたのである。あるいは、図15（一〇四ページ）の『和泉名所図会』に描かれている「禅入堂」の跡かもしれないし、聖神社や奥の

*和泉市発行、二〇〇四年印刷
**二〇一二年一二月

院（平安時代建立とされている）、禅入堂（建設時期不明）の建設または修理のための現場小屋などの痕跡なのかもしれない。

この聖神社の傍ら（以下「聖神社後背」とする）に「供奉の者」とされる人々は、前述のように「宝治の頃」まで住んだとされる。宝治は一二四七年から四九年までにあたるが、住み始めが仮に白鳳から霊亀にかけての頃だとすると、それは西暦七〇〇年前後である。その後じつに五五〇年ほど、世代にして二五世代ほどの長きにわたって、彼らは聖神社の後背に住み続けたというのである。あるいは住み始めは「遷座された時」より遅く、また途中では、何らかの事情による居住の間断があったかもしれない。

いずれにしても、古代から中世にかけての頃、聖神社後背に神人が住んだ時期があったのは確かであろう。そしてその集落が、南王子村のルーツにあたると考えておきたい。その集落の場所や空間などの様子を伝えるものは、「聖神社遺跡」にかすかな可能性がある以外には、何も残されていない。

第二章　「どうけが原」「除地屋敷」「一村立」

「どうけが原」での農民的力量の蓄積

聖神社後背にいた住民が「どうけが原」へ移住した時期は、前述の「宝治の頃」のみが伝承されている。いずれにせよ、一三世紀の中頃より後と見て間違いないであろう。時代区分では鎌倉時代の中葉以降、大きく言えば中世である。その移住が一挙になされたのか、それとも長年にわたって五月雨式になされたか、そのあたりも定かではない。いずれにせよこの頃から近世初頭、慶長五年（一六〇〇）とされる時期にかけて、南王子村の先祖の人々は「どうけが原」に住んだ。この場所は後述のように、その位置が確かめられ、およその大きさも推定できる。

ここに住んだ間には、南北朝時代や戦国時代の戦乱があり、その影響は聖神社にも及んでいる。従って、どうけが原での居住が間断のないものであったかどうかは不明だが、この間ここにおける人々は農業に力を注ぎ、周辺の未開発の土地を開墾して農地を獲得、拡大し、農民的力量を蓄積していったようである。こうした事業は、聖神社の後背に住んでいたのでは難しかったであろうから、どうけが原での生活は、この人々の農民的成長に重要な契機を提供したことになる。

とはいえこれらの農地の獲得は、決して易しいものではなかったであろう。慶長九年の「信太郷かわた村御指出」という文書*がそのことを物語っている。慶長九年は、この人々がどうけが原から後述の「除地屋敷」に移ったとされる年の四年後だが、この文書は当時この人々が信太郷の中に所有していた土地、すなわち「どうけが原」時代までに

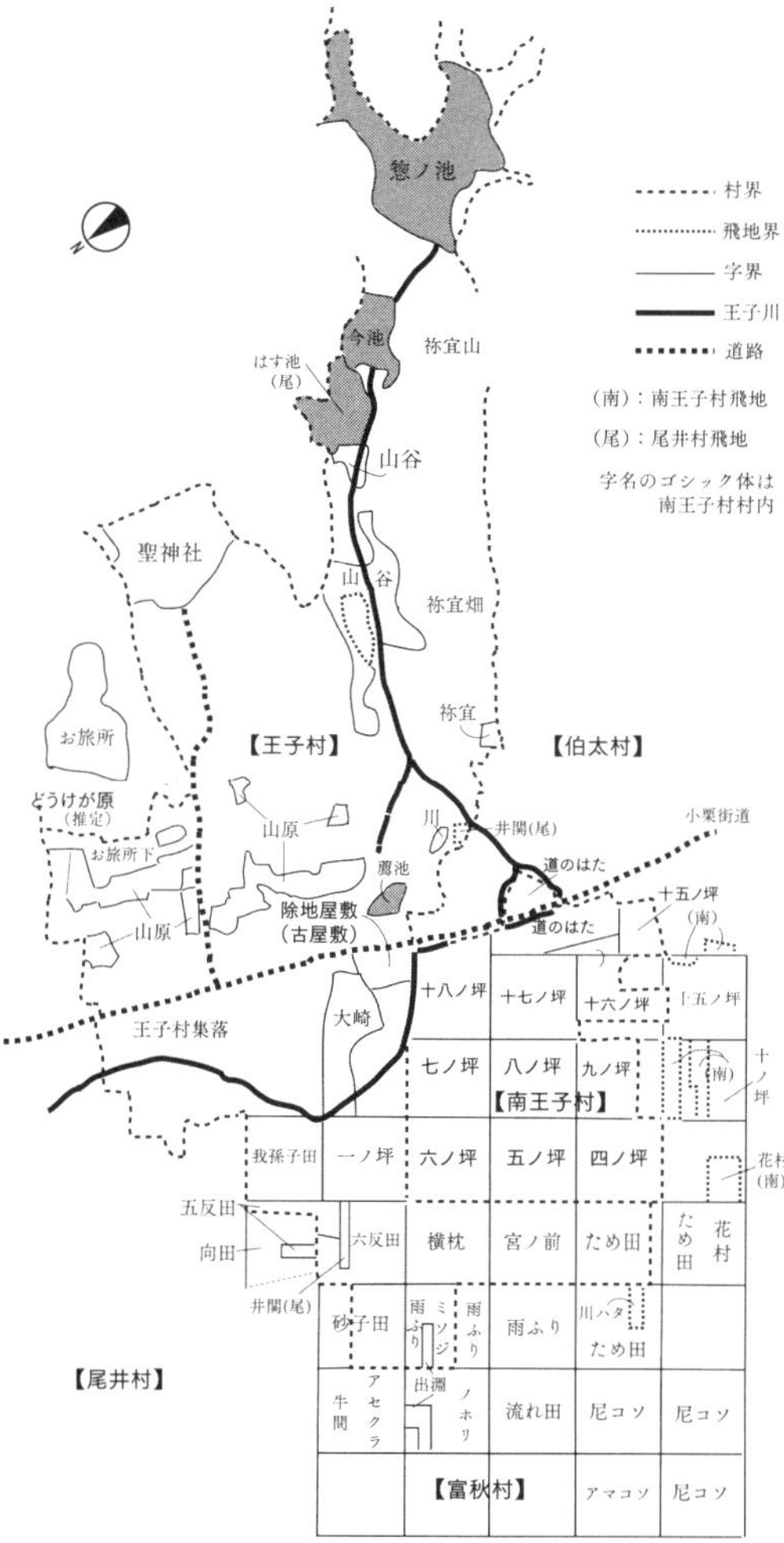

図3　周辺小字名
（藤本清二郎氏による小字の復元図に筆者が加筆）

＊『奥田家文書』第七巻、六八五

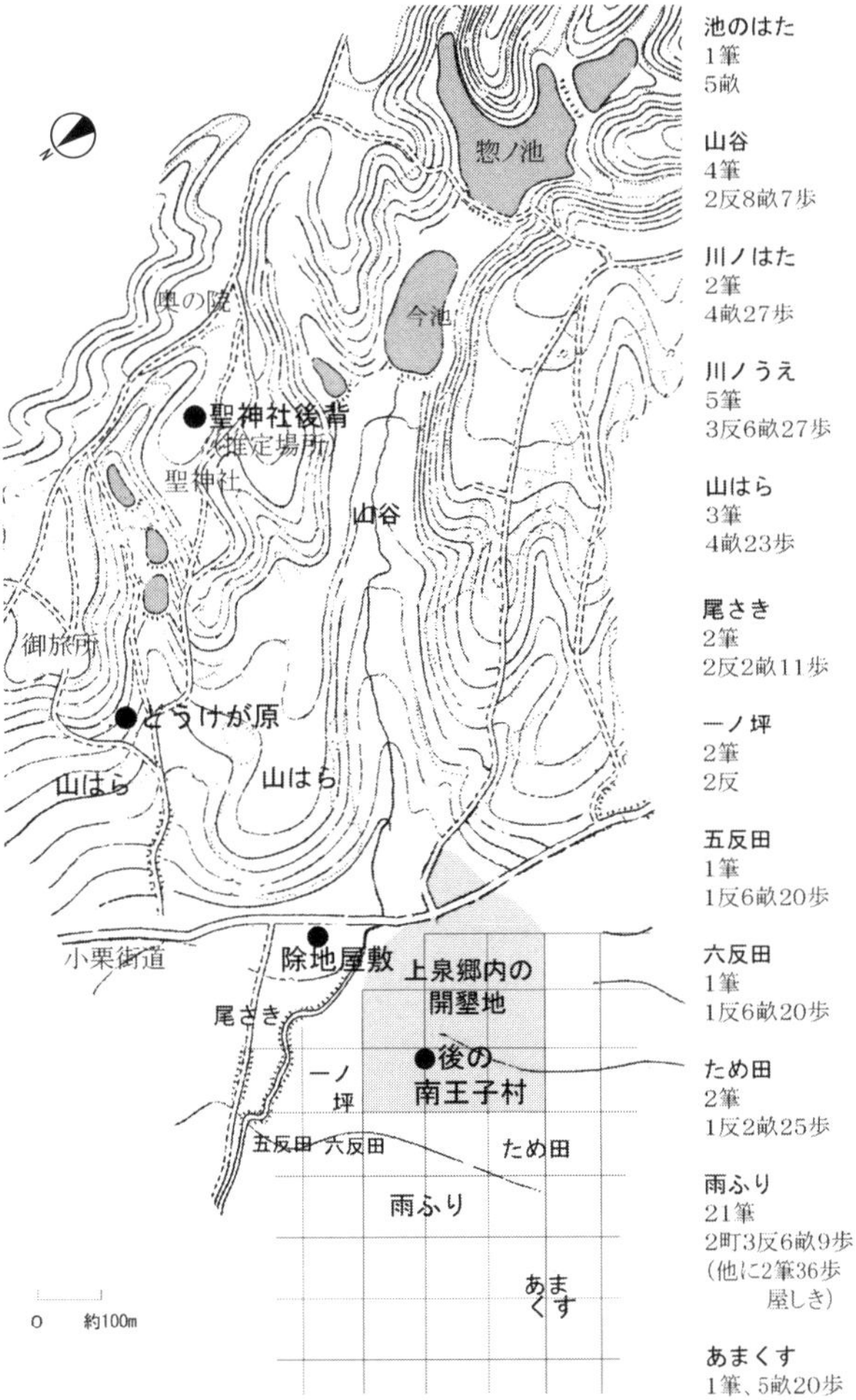

図4　慶長期までの開墾地
（「池のはた」「川ノはた」「川ノうえ」の場所は不明）

開墾、獲得した土地を書き出したものである。

藤本清二郎氏は、この文書に出てくる地名を「明治期の地籍図から知られる小字の位置」として、分かりやすい図にまとめておられるが、*図3はその藤本氏の図を筆者がトレースし、それに「聖神社後背」や「どうけが原」の位置、後の南王子村の場所の

＊藤本清二郎『近世賤民制と地域社会』清文堂、一九九七年、四〇、第１図

写真3　小字山谷と思われる場所（奥に惣ノ池、右手丘の麓に王子川）（2009年2月撮影）

「坪」などを加筆したものである。これを見ると、どうけが原からは西方一㎞、南方五〇〇m、東方五〇〇mまでの範囲の、一二の字に農地が散らばっていたことが分かる。

またこの文書の、合わせて四町五反余、五三筆の農地の配置を、図4に示す。

図に見る通り、一つひとつの農地は、田圃としては小規模であったことが分かる。日々の農業は、どうけが原からこれらの分散した小規模な土地へ出かけて行われていたのである。

また獲得した土地の字名が、「雨ふり」「山はら」「山谷」（写真3）「川ノはた」「川ノ上」「いけのはた」「ため田」というように、見るからに田圃には不向きな場所を開墾、獲得していたことが分かる。なお、五三筆の内「畠」と書かれているのが三筆、「屋しき」が二筆であったことから、残りの四八筆は田圃であったと推定できる。

新たな開墾地と惣ノ池

このように「信太郷かわた村御指出」を見ると、農業条件の厳しさのみが伝わってくるが、他方では、この人々の大きな希望につながる開墾が、このころ並行して行われていたことを見落としてはならない。それは、この「御指出」に書き出されたのは信太郷の農地のみであり、上泉郷（伯太《はかた》村村域）で進められていた開墾には触れていない、ということである。

実はこの頃どうけが原の人々は、王子村に隣接する伯太村村域の条里跡耕地や未開の土地において開墾をし、田畑を獲得しつつあったのである。この開発過程は、藤本清二郎氏が詳細に分析しておられる。* この新しい土地、図3の碁盤の目を中心とする地域は、後にこの人々の拠点村落、南王子村になるわけだが、その開墾がこのどうけが原の時代に行われていた。

ところで条里地割に基づく広い水田を開墾**して稲作を進めるには、それまでとは比較にならない大量の農業用水を必要とした。どうけが原の人々はこの開墾にあたって、それを潤すのに十分な水量の溜池を確保する必要があった。すなわちこの伯太村村域での開墾には、それと表裏一体のものとして、新たな溜池を確保しなければならなかったのである。

その新たな溜池の場所は、開墾地の位置と周辺の地勢からいって、信太山丘陵の南西

＊藤本清二郎、前掲書、四四〜五二

＊＊まず畑をつくり、その後用水を整備して水田に転換してゆくという順序での開墾が当時多かったらしい。

部の谷あいに求めるほかはなかったと思われる。そこで選ばれたのが、のちに惣ノ池になる場所であったのであろう。

ところがこの場所には、上流に王子村に属する小さな貯池がすでに五つあった。[*] そこへもってきてそれら五つの溜池の下部に大きな溜池を造るというのだから、旧来の王子村地域の人々からは、懸念の声が出されたと思われる。しかし中世の中頃から、畿内を先進として、農村には新たな村落形態である「惣」が生まれていた。惣は「中世に成立した在地の自治的共同組織[**]」のことである。

そうした共同体的な意識がある中で、どうけが原の住民のためばかりでなく、王子村地域全体の共同的な利用に供する溜池、という気持を込めて「惣ノ池」と名づけた溜池ができたのではなかろうか。池の名称には「大野池」のように地名から取ったと思われるもの、「阿闍梨池」のように築造の推進者から取ったもの、「濁り池」のように池の態様に依ったものがあるが、「惣ノ池」といった珍しい名称には、このような背景があったのではないかと思われる。

なお藤本清二郎氏はすでに「惣の名は信太郷の惣に由来しているのではなかろうか」と指摘されている。[***] いずれにしても、中世の王子村地域やどうけが原の人々に「惣」的な実体または発想があり、それを背景に惣ノ池（写真4）の名は生まれたのであろう。

惣ノ池の築造の時期については、藤本清二郎氏が、条里地割の部分、のちの南王子村

＊『和泉市の歴史4』二一三の図9

＊＊永原慶二監修『岩波日本史辞典』一九九九年、六七八

＊＊＊藤本清二郎、前掲書、五五

写真4　惣ノ池　（2013年10月撮影）

の村域の開墾は「一六世紀末にはほとんど田地であったことから」「…それ以前に遡ると推測される。残念ながら絶対年代を知ることはできない」と述べておられることから、＊この池の築造時期もこの頃、一六世紀の中頃までに、ということにしておきたい。

惣ノ池の規模は、延宝七年（一六七九）の検地の際の南王子村側記録でも、＊＊寛政二年（一七九〇）の記録でも、＊＊＊「長さ九〇間、横六〇間、（水張表面積）一町八反歩」とあり、この規模は現在においてもほぼ同じである。築造当初の規模は分からないからともかくとして、今の惣ノ池は江戸時代の姿をおおよそ残している、と言ってよいであろう。

なお現在、惣ノ池のことを「惣ケ池」「惣が池」などと呼ぶ文書や標識などが散見される。しかし『奥田家文書』や『南王子村文書』には「惣ケ池」などという記載は見当たらず、すべて「惣ノ池」「惣之池」となっている。地元では元来、そのように呼ばれていたのである。

＊藤本清二郎、前掲書、五一
＊＊『奥田家文書』第七巻、七一五
＊＊＊『奥田家文書』第一巻、一八

呼称に混乱が生じたのは、昭和四〇年（一九六五）発刊の『和泉市史』第一巻に「惣ケ池」「惣ケ池弥生式遺跡」の記載があることに見られるように、*近年になってからのことであろう。

「どうけが原」の場所

「どうけが原」の場所は、前述の明治初期の文書によれば「御旅所の坂の下」にあったとされている。この「御旅所」の地名は、明治一八年（一八八五）に作成された地図（図2）で、信太山丘陵の北西の外れに見られる。また昭和五年（一九三〇）現在の「信太山演習場一般図」**においても、同じ場所を「御旅所」としている（図5）。

御旅所とは、神社の祭礼において神輿《みこし》が巡幸の途中で休憩する場所のことで、聖神社では、氏子村の地車《だんじり》も神社を経由して御旅所にいったん集合する（写真5、8）。現在の御旅所は、鶴山台団地のある信太山丘陵の台地から一段下の場所にある。しかしこの団地ができる前は、団地の建物がある台地の最も西南寄りが、御旅所であったようである。

図6（四五ページ）は、昭和二一年（一九四六）六月六日に米軍が撮影した空中写真に、この場所や周辺の地名などを書きこんだものである。以前の御旅所の所には、地車を曳いて禿げたであろう地面が、白く写し出されている。図2、図5、図6により、以

*同書、四四ページ、第10図
**『奥田家文書』第六巻、巻末附録

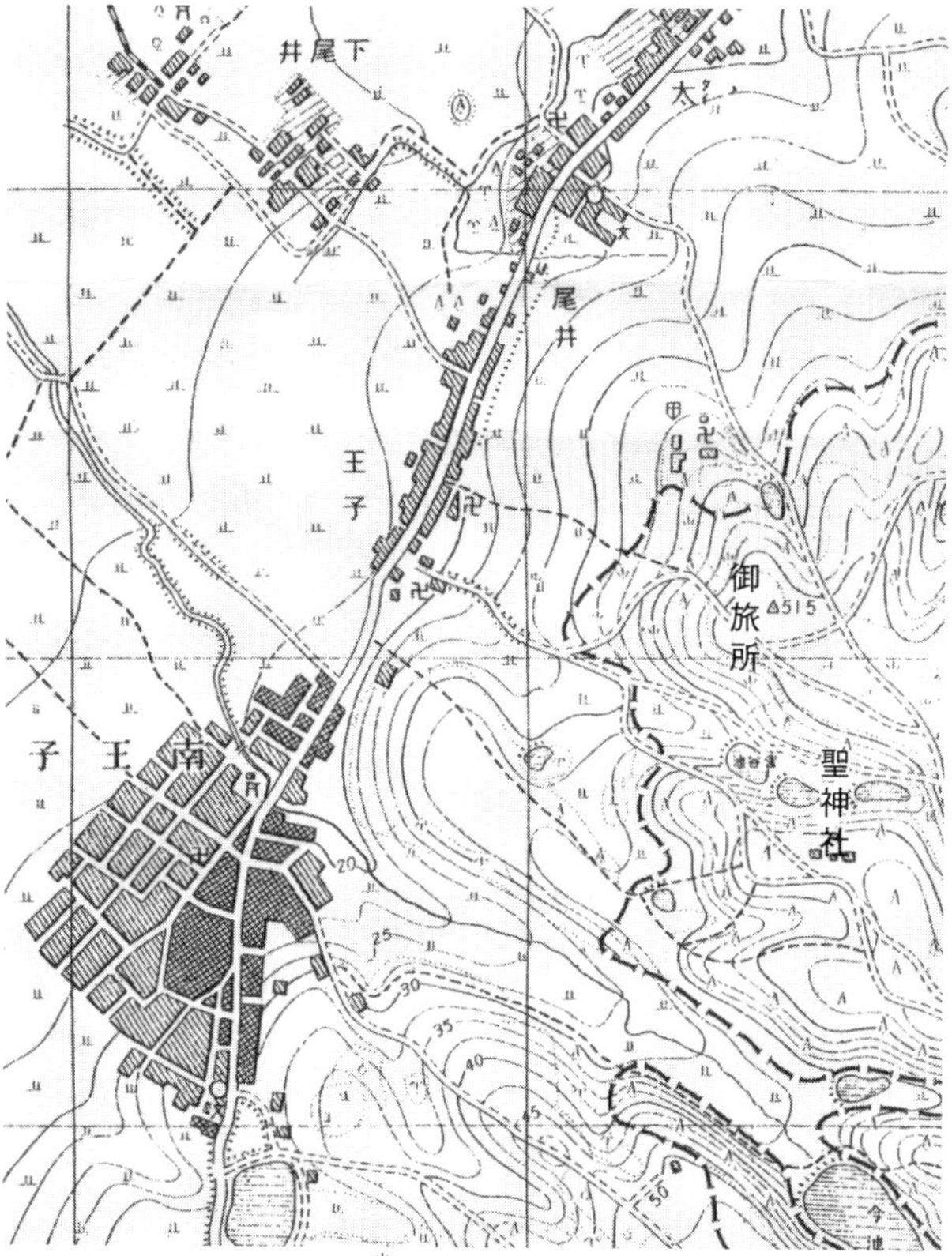

図5　「信太山演習場一般図＊」（昭和5年）に見る御旅所の位置

前の御旅所は、現在使われている御旅所よりも一段上の台地上にあったことが分かる。

南王子村が明治三五年に献納した石造の神輿台（写真7）も、以前は一段上の台地上の旧御旅所にあったものが、一九七〇年代前半の鶴山台団地の開発に伴って、現在の御

＊『奥田家文書』第六巻、巻末付録

旅所に移設されたものと思われる。

以上の検討から、以前にあった旧御旅所の場所は、特定することができた。そして、その「坂の下」にどうけが原があったわけである。その場所がどこであったかについては、実は、地元で三二号にわたり発行された『郷土の歩み』の中の投稿に、具体的に示されている。

その二二号で地元の長老松本常一氏は「『どき原』のお旅所」と、二五号で松原右樹氏（当時伯太高校教諭）は「お旅所の『どき原』」と書いている。また酒井一氏（天理大学教授）は二九号で「どうけが原」は「のちの聖神社御旅所で、今

写真5　聖神社前の神輿《みこし》と地車《だんじり》　（2012年10月撮影）

写真6　聖神社前の常夜燈
（2009年2月撮影）

写真7　御旅所にある神輿台　　（2012年2月撮影）

写真8　御旅所に揃った地車　（2012年10月撮影）

は住宅・都市整備公団鶴山台団地の駐車場（所有・聖神社）の一角になっている」と書いている。

　このほか乾武俊氏は、一九六〇年代前半すなわち鶴山台団地の開発途中における「どうけ原」の写真を、その著書に載せている。*この写真のどの位置が「どうけ原」なのか、しかとは分からない写り方になっているが、一段上の隅に鶴丘台団地の建物が写っている所を見ると、現在の御旅所がその場所に該当しているであろうと確かめられる。

　以上からどうけが原の場所は、普段は聖神社所有の民間駐車場として使われている、

＊乾武俊『民俗文化の深相―被差別部落の伝承を訪ねて―』解放出版社、一九九五年、二五

現在の御旅所の場所であったことが確かめられた。その集落規模については、後に述べることにしたい。

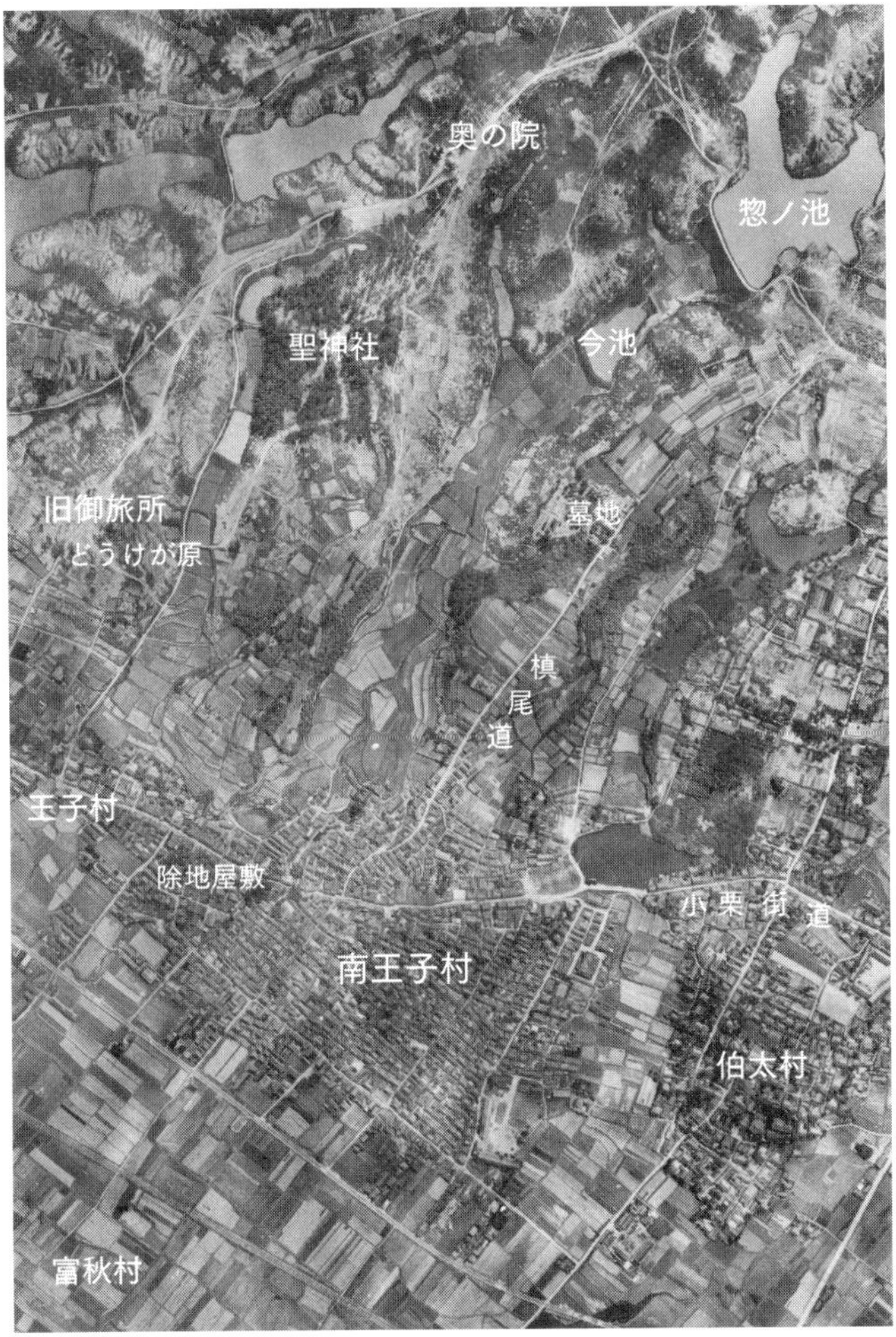

図6　空中写真（1946年米軍撮影*）に見る南王子村と周辺

*国土地理院・日本地図センター、一九四六年六月六日米軍撮影

「どうけが原」の語源

さて今まで本稿では、「どうけが原」と記述してきた。しかし実はこの呼び名は、さまざまに書かれ、あるいは呼ばれてきている。

文書《もんじょ》で見ると、「どうけか原」*、「とうき原」**、「どうけ原」***、「とうけか原」****などがある。古い文書では、「ど」を「と」に「が」を「か」に、濁点を取って記述することが多い。そこで本書では統一的に「どうけが原」と書くことにしたのである。

また、筆者が現地でこの場所のことを聞いた所、地元の方たちはここを「どうけはら」「どきはら」「どけはら」といった発音で呼んでいた。さらには地区の有力者の「村の古老たちは今も『どき原』と称して…」という回顧も残っており、***** 前述の松本常一氏、松原右樹氏の記述からも「どきはら」と呼ばれることも多いようである。

いずれにしても本書では統一的に、ここを「どうけが原」と書くことにした。

ではこの「どうけが原」という名には、どのような由来があるのだろうか。以下、地元で言われている説について検討し、筆者が考える所についても述べることにしたい。

①十景（が）原…どうけが原からの眺めが素晴らしい、ということから付いたという説である。確かに、今の御旅所からの大阪湾方面の眺めは、湾岸の埋め立てのない戦前までの風景のことを想像すると、「十景《とうけい》」と言えるほどに素晴らしかったであろう。しかし濁点を抜いた文章表現である「とうけか原」を元に、このような地名の由来を説く

＊『奥田家文書』第五巻、一〇九〇
＊＊『奥田家文書』第七巻、九七九、『南王子村文書』第五巻、三三四、三四三、三五七
＊＊＊『南王子村文書』第五巻、二九六
＊＊＊＊同前書、三五五
＊＊＊＊＊『郷土の歩み』第三号、五七

のは、少々無理があるように思える。

②道化（が）原…乾武俊氏は「神社に隷属して芸能にたずさわった人びとの住む原」から「『道化原』ではないか」と述べておられる。* しかし乾氏はご自身でその後、芸能者（舞太夫）は舞村に住んでいたとも述べられており、** 中塚喬清氏も同様の見解を持っておられる。*** この道化説の根拠は薄いといえよう。

③どき原…ここに住み始めたら「毎日の生活排水をその西下に流したため、そこに住む信太村の人々から大変迷惑がられ、転宅するように強く要求されたので、やむをえず、…移住することになりました。そこで今でも、その元住んでいた場所を『どき原』と呼んでおります」**** という、地元の長老の叙述に見られるような説。

そこをどきなさい、と言われたから「どき原」というのである。移住後、前の場所をそのように呼んだというのであるが、後に推測するような移住の背景からしても、語源の根拠としては弱いように思える。

④土器（が）原または陶器（が）原…中世の地元民の中で通じやすく、地名として用いられやすい現実性・即物性のある語源として筆者が思い至ったのがこれである。また乾武俊氏も「陶器がよく出るゆえに『陶器原』ともムラ人は言った」と紹介している。*****

前述の須恵器のところで述べたように、五世紀ごろ信太山丘陵で生産されていた須恵器を、大園集落の須恵器集積場や近隣氏族に受け渡すための中間経由地として、信太丘

＊乾武俊「被差別部落伝承文化論序説（一）」『部落解放史・ふくおか』三五・三六・三七合併号所収、福岡部落史研究会、一九八五年、七三

＊＊乾武俊『民俗文化の深相―被差別部落の伝承を訪ねて―』解放出版社、一九九五年、二四

＊＊＊『信太郷土史』二四五

＊＊＊＊『郷土の歩み』第二九号、九

＊＊＊＊＊前掲『部落解放史・ふくおか』三五・三六・三七合併号、七三

陵の西南端のこの地点があったのではなかろうか。そして後年、その経由地に遺されていた須恵器の破片から、その場所を「とうきはら」または「どきはら」と呼ぶようになったのではなかろうか、と考えたのである。

菱田哲郎氏は、「この地域*には「陶器山《とうきやま》」「陶器川《とうきがわ》」など焼き物に関する地名が残り、中世には「陶器保《とうきほ》」や「陶器庄《とうきのしょう》」という地名で呼ばれていた」場所があったことを紹介している。**こうした地名の影響を受けて、陶器の破片が散らばる場所に地元の人が「とうきはら」と名づけたことは、大いにありうる話であろう。

「除地屋敷」への移住

前述の文書にもあるように、慶長五年（一六〇〇）とされる時期にどうけが原の人々は、王子村の南はずれの小栗街道（熊野街道）沿いの場所に移住した。

この場所は、地域的には王子村村領に属しているが、王子村の集落とは若干離れ、上泉郷の開墾地に隣接した場所である。図3（三五ページ）で「除地屋敷」と示しているのがそれである。除地《じょち》（無年貢地）として、王子村などの一般村とは区別された扱いをされていた。除地になった理由は、どうけが原時代が神域であり、それが除地であったことが継続したのであろう。

新たな土地でのこの集落を、そこに住んだ人々がどのように呼んだかは、史料的に確

＊陶邑地域
＊＊菱田哲郎、前掲書、五二

かめることができない。後述のように、王子村に関わる行政的な文書ではここを「穢多屋敷」と記し、その形状を「一囲《ひとかこい》」としている。これらは、現代においてこの場所を呼ぶために使うのには適していない。そこで本書ではこの場所のことを「除地屋敷」と呼ぶことにした。この呼称は、『和泉市の歴史4』の図＊においてここを「かわた除地屋敷」として紹介しているので、その「除地屋敷」が適切と思い使用することにしたのである。

この「除地屋敷」への移住の要因には、いかなるものがあったであろうか。最も大きな要因として、どうきが原の場所的な不便さがあったと思われる。図4（三六ページ）に見るように、今や主要な田畑となっている上泉郷の土地（のちの南王子村）の中心部までの距離は、どうけが原から約七〇〇mもある。しかもその半分ほどは坂道である。それに対して「除地屋敷」の土地からは約二五〇mで、その全体がほぼ平坦である。日々の農作業や、収穫物、道具の運搬などのことを考えると、この差は大変なものであったであろう。

このような不便さからであろう、どうきが原の人々の一部は集落の移住の前から、開墾した上泉郷の農地の近くに屋敷地を構える者もいた。藤本清二郎氏は、「除地屋敷」の場所の小字である「大さき」の一部に「かハ田ノうしろ」の記載があることから、＊＊「除地屋敷」となる土地に「文禄年間すでにかわた村村民（少なくともその一部の人々）が居住していたと考えることができる」と指摘しておられる。＊＊＊

＊同書一八四ページの図3
＊＊慶長九年泉州泉郡信太郷わうし村御指出之事
＊＊＊藤本清二郎、前掲書、四二

また「除地屋敷」となる場所以外にも、「雨ふり」地区（図4参照）に、敷地「十六分」と「廿分」（一六坪と二〇坪）の「屋しき」を「衛門尉」が有していたという記録がある。*図4を見れば分かるように、「雨ふり」は「どうけが原」から八〇〇mほど離れており、その場所に、二一筆二町三反余の農地がある。一筆ごとは平均一反と小さいが、合わせるとかなり広く、条里地割にすると二つの坪に相当するほどの広さである。そのような農地が、「どうけが原」からかなり遠いところにある。従ってその不便さを解消するために「屋しき」を造ったのであろう。

ちなみに、のちに「除地屋敷」に人々が移住したあとも、「除地屋敷」の外には屋敷があった。延宝検地の文書がそのことを伝えている。王子村村領の延宝検地の文書は、在来の王子村の分と、のちの南王子村の分の、二つの冊に分かれている。その前者の冊子の中に「皮多源太夫」「皮多九郎右衛門」「皮多仁兵衛」「皮多久左衛門」の名前での「屋敷」が記載されている。**

このうち源太夫は、南王子村庄屋利右衛門家の先祖であるとされており、かつ当時も庄屋を務めていたらしいが、「除地屋敷」の外の王子村村領に、二筆二畝二七歩の屋敷地と九筆の田畑を所有していた。同じく仁兵衛は一筆一畝六歩の屋敷地と二八筆（おそらく）の田畑を、九郎右衛門は三畝一六歩の屋敷地と一筆の田を、久左衛門は二六歩の屋敷地と二筆の田を所有していた。

* 『奥田家文書』第七巻、六八五
** 『奥田家文書』第七巻、七四七

この四人が「除地屋敷」の中にも屋敷を持っていたかどうかは分からないが、外にあるこの屋敷地には、おそらく実際に自らの屋敷を建てたのであろう。「除地屋敷」の狭さを、力のあるものはそのようにして補っていたのではなかろうか。これら「除地屋敷」の外に居住していた人々も、後述の新たな南王子村の誕生を機に、そこへ集結したものと思われる。

「除地屋敷」の土地は、藤本清二郎氏によると「古くは低湿地ないしは、河原地の様相を示していたと推定することが可能である」*ような所で、集落立地には必ずしも適していなかった。しかしそのことを十分に補いうるほどに、上泉郷の開墾地に隣接するこの場所の魅力は、どうけが原の人々にとって大きかったのであろう。むしろ人々はこの場所への移住を望んだとも考えられるのである。

移住の理由でもう一つ考えられるのは、当時の豊臣政権の、かわたに対する居住地統制策であろう。何らかのそうした規制や圧力が聖神社側にもたらされ、どうけが原の人々を境内から出さざるを得ない状態になったということも、考えられなくはない。しかし、もしそのことがあったとすれば、むしろ、前述の移住要求を持っていたであろうどうけが原の人々には、都合が良かったのかもしれない。

このようなことから「除地屋敷」への移住は実現した。しかしこの移住は、必ずしも良い面ばかりをもたらしたわけではない。とくに、神域からの離脱と一般社会への組み

*藤本清二郎、前掲書、四三

込みという点においては、次のような新たな課題を提起することになったと思われる。

今までのどうけが原は、外れとはいえ聖神社の神域（境内）の中にあった。そこに居住して、前述のような散在した場所や上泉郷の条里地割での農業や、死牛馬処理、そして王子川[*]の水を利用した皮革の生産、聖神社の神事の下働きなどに携わってきていた。従って、外部の既存農村との関係も、活動領域の重なる王子村を除いては、おそらくさほど大きな緊張感のあるものではなかったであろう。また、神域に住んでいたことから、聖神社との関係を除いては、比較的自立的・自治的な集落運営が可能であったと思われる。

しかしその神域から離れ、熊野街道沿いの王子村村領に住めば、すでに近世的な行政単位として変貌を遂げていた一般村との間に、軋轢が発生することが予想される。事実、その軋轢はこれ以降、主として王子村との間で、連綿として起こってくるのである。

「除地屋敷」の姿

延宝七年（一六七九）の「和泉国泉郡王子村検地帳」（石川若狭守扱い分）では末尾に「除地之分」として、「寺屋敷」「神主屋敷」などと並んで、「穢多屋敷」が「三拾五間三尺、三拾弐間五尺五寸、三反八畝弐拾八歩、一囲」で存在していると書き込まれている。[**]これが「除地屋敷」の「姿」を伝えている唯一の史料である。

＊惣ノ池に発する小さな河川。後述のように当時は「溝」と呼ばれていた。
＊＊『奥田家文書』第七巻、七五二

すなわち「除地屋敷」の集落は、三拾五間三尺（約六七・八ｍ）×三拾弐間五尺五寸（約六二・八ｍ）の矩形（長方形）の敷地であり、この掛け算をすると面積はちょうど三反八畝弐拾八歩になるのだが、それが「一囲」としてあったというのである。この面積は、後述する「古屋敷」の「畑反畝高寄帳」もこの値を「高寄」の合計値として記述していることから、ほぼ正確なものであろう。

なお筆者は、「どうけが原」のあったと思われる現在の聖神社所有の駐車場の大きさを、「和泉市全図」（平成一四年印刷）の該当箇所と、グーグルマップの空中写真で確かめてみた。するとそこは、約七〇ｍ×約五〇ｍであった。「どうけが原」集落の敷地規模は、地形を見ると、これよりも若干広いと考えることができる。このことから、「除地屋敷」の敷地規模である約六八ｍ×約六三ｍは、「どうけが原」にあった集落の敷地規模を基準にして、それと同等のものとして算定された可能性があることが分かった。

それでは、この「除地屋敷」とは、どのような姿（外観や敷地の使われ方）のものであったのであろうか。直接にそれを示す史料は残されていない。しかし推測を助けてくれるであろう絵図が二つある。「新板大坂之図」における渡辺村と、「元禄二年九月塩穴村屋敷図」がそれである。

図7に示す渡辺村は、「寛文十年大坂絵図*」におけるのと同様の姿をしており、寛文一〇年（一六七〇）ごろには難波村にあった渡辺村の様子とされる絵図である。

＊寺木伸明『被差別部落の起源――近世政治起源説の再生――』明石書店、一九九六年、一一九

図7　渡辺村（「新板大坂之図」を、各戸が分かりやすいよう筆者が一部修正）

皮などを干す作業などに使われたと思われる共同空地を取り囲んで、一〇軒の家が描かれている。集落の入口には門がある。松と思われる樹木に取り囲まれており、周囲は田圃である。軒数などがこの通りであったかどうかは分からないが、渡辺村はおよそこのような姿の村であったのであろう。「寛文十年大坂絵図」を見ると「なんバ橋」にほど近く、すなわち都市縁辺に立地する村（集落）であることが分かる。

渡辺村は戦国時代には、石山本願寺の寺内町に隣接した「渡辺の里」にある皮革職人の町であったが、戦乱などの中で移住を強いられ、この難波村時代を経て、宝永三年（一七〇六）には、木津村の地に落ち着くことになる。* そしてこの場所において、その頃から始まる雪駄の全国的需要の伸びを背景として、皮革製品の一大集散地としての地歩を確立することになる。しかしこの絵図の寛文一〇年の頃はまだ、戸数一〇軒ほどの小集落であったのであろう。

図8の「塩穴村」は、堺の舳松《へのまつ》村の支村で、堺の環濠の外にあった。元禄二年（一六八九）に書かれたこの絵図によると、** 三反五畝ほどの面積である。敷地の外辺の寸法も描き込まれており、また添えられた文面からも、かなり正確に村の様子を伝えている絵

＊稲垣有一ほか『部落史をどう教えるか（第2版増補改訂）』解放出版社、一九九九年、四二

＊＊森杉夫『近世部落の諸問題』堺市同和地区古文書調査研究会、一九七五年、の扉絵を元に筆者が作成

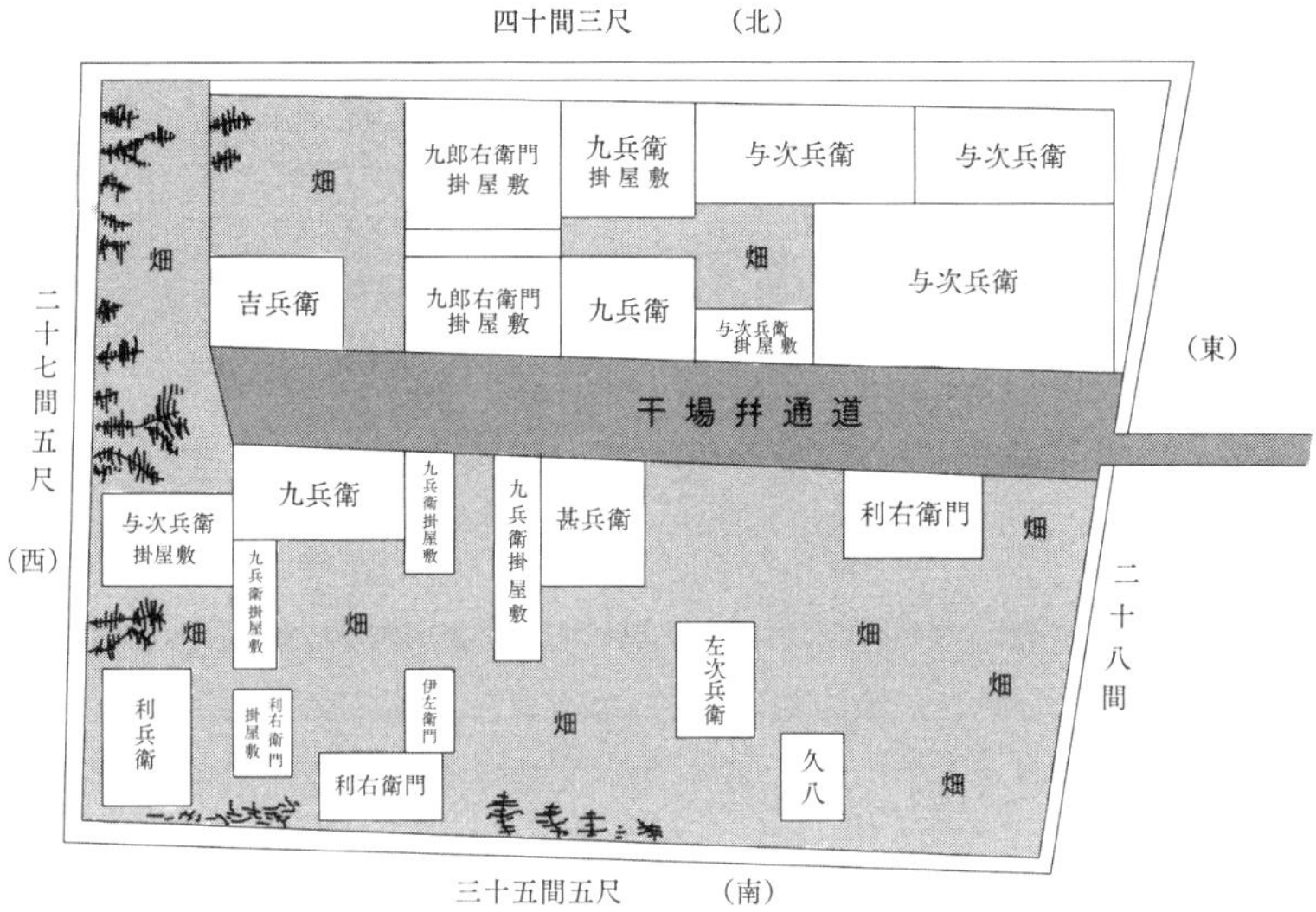

図8　塩穴村屋敷図

図であることが分かる。「除地屋敷」は三反八畝ほどであるから、この図に近い敷地規模であったことになる。ただし敷地の形は少し違っていた。塩穴村が図8のように四辺の寸法が異なる台形に近い形であったのに対し、「除地屋敷」は寸法と面積の書き方からして、矩形（長方形）であったと思われる。

住宅戸数は、この塩穴村が住宅二二筆に対して、王子村の「除地屋敷」の初期は藤本氏の推測で「少なくとも二〇戸前後」であるから、*似通っている。敷地の利用は、渡辺村も塩穴村も集落中央に、皮や籾などの干場などの共同広場が描かれている。「除地屋敷」もこのようなもの

*藤本清二郎、前掲書、六六

であったのであろうか。

図8の絵図を見ると、敷地の周囲は二重の線で囲われ、その内側の一部に樹木の記載がある。二重線で記載されるものと言えば、環濠、と言っても溝が取り囲んだ程度のもの、または土塁が考えられるが、畑などへの水利や敷地の水はけのことを考えると、土塁よりも溝（水路）の可能性が高いのであろう。

「除地屋敷」の「一囲」という検地帳の記載も、塩穴村と同様、溝または土塁や樹木で囲われていたことを示すのであろうか。なお、近世初頭の畿内の農村は、多くが集居村落の形態であったと思われるので、「一囲」が他の一般村落と比べ特に奇異な外観を呈していたかというと、そうとは限らないとも考えられる。

「一村立」とその背景

「どうけが原」から「除地屋敷」に移住したとされる慶長五年（一六〇〇）から九八年後、元禄一一年（一六九八）に、ここに住む人々、三二軒、二〇三人は、隣接する上泉郷の地へ挙村移住したとされている。聖神社後背にいた時から数えて三度目の移住、四度目の居住地ということになる。

移住先の屋敷地は、すでに百年以上にわたってこの人々が耕作してきた土地（図3の、四～九ノ坪、十六～十八ノ坪、十、十五ノ坪の一部、道のはた）のうち、畑地を主とした場所（十六〜十八ノ坪、道のはた）である。
　移住の原因は、王子村村民による焼き打ちなどの「激しい差別と迫害に耐えきれなくなった」ことにあるとされてきた。* その焼き打ちの状況は、天保一四年（一八四三）の「村方由来書抜覚」** に残されている。それは次のようである。文中「古屋敷」とあるのは、「除地屋敷」のあった場所を、移住後そのように地元で呼んでいたことによる。

　二百四十六年以前（正確には二百四十三年以前）の慶長五年より、（私たちは）古屋敷に住んでいました。この地所は王子村の領分にあり、除地（無年貢地）といえども、いろいろと妨害されました。もちろん除地に居住していましたので、何事も下賤に扱われ、あまつさえ元禄七年十二月十九日（旧暦。新暦では一六九四年一月一四日）九ツ時（夜または昼の零時頃）に焼き捨てられ、（その後）こもざれのかこい（ムシロ囲い）にして、難渋の儀は書き尽くし難いものでした。百四十六年前の元禄十一年に現在の場所に屋敷替えをし、引っ越してきました。その時、家数は三十二軒、人数は二百三人と言われています。

　この「書抜覚」では、王子村の者に襲撃されただとか、あるいは移住の原因がそれにあるとかの表現は、注意深く避けているようである。移住の表向きの理由は、元禄一一年（一六九八）三月の西教寺移転に関する奉行所あての願書に、次のように書かれているごとく、*** 地勢上の所為にしている。

* 『ある被差別部落の歴史』、五八
** 『奥田家文書』第六巻、四一
*** 『奥田家文書』第六巻、一

南王子村の件につきましては、信太山山谷の落合筋にあり洪水の時節など迷惑していましたので、屋敷替をしたく思い地頭様にお願いしていました所、このたび願いの通りに仰せつけ下さいました。それに就きまして、村内に西教寺という一向宗の寺があり、我々共の旦那寺でありますが、このたび右の梁間にて一緒に引っ越ししたく存じます。別紙に絵図にして差し上げますので、恐れながら慈悲を以てこれを為すよう仰せつけ下さいますと、有り難く存じ奉ります。

王子村からのこの時期の攻撃にはもう一つ、惣ノ池の樋元支配権などをめぐって、南王子村を王子村の分村にしようとする動きもあった。これについては『ある被差別部落の歴史』に詳しいのでそちらに譲りたい。*　藤本清二郎氏はこれを「支郷化事件」として紹介しておられる。**　また『和泉市の歴史4』においても紹介されている。***

以上のようなことから、挙村移住の理由は、表向きは「落合筋の洪水」、裏事情として惣ノ池の樋元支配権、「分村化」「支郷化」という王子村からの攻撃のことがあった。このような、いずれにしても負の側面の克服にあった。

しかし、本当のところはどうであったか。そうした要因も確かにあったに違いないが、次に述べるように、むしろ「除地屋敷」の人々の内発的エネルギーから沸き起こる「自立願望」が背景にあったのではないか、と考えてみたい。

＊『ある被差別部落の歴史』、五八〜六一
＊＊藤本清二郎、前掲書、三七一
＊＊＊同書、二七四

背景二――自立願望

今まで使ってきた「一村立」という言葉であるが、これは「枝郷《えだごう》」＊「枝村《えだむら》」が本村に従属した「本村付《ほんそんづけ》」の扱いをされ、地方《じかた》三役（庄屋・年寄・百姓代）を置けないとか、高札を置けないなど、独自な行政権を持たないのに対し、「一村立」は、領主の直支配に属し、地方三役を置くことができ、高札が立てられるなど、行政単位としての自立性を認定された村、ということである。

近世の「部落」は「『一村立』すなわち領主に『直支配』されている例もあるが、そのほとんどは、『本村』に従属している『枝村』の存在であった」＊＊。

「除地屋敷」の自立性は中途半端で、不安定なものであった。そのことは、延宝七年（一六七九）検地の検地帳二冊のうち、後に南王子村になる上泉郡の開墾地の冊に「庄屋源太夫」（南王子村庄屋利右衛門家の先祖とされる）の署名はあるが、その冊の表紙は「泉郡王子村検地帳」となっているとか、王子村の方の冊に「穢多屋敷」の名が入っていることからも分かる。

その不安定さを抱えた人々の中で、自立への願望が大きく膨らんできた。その大きな要因には、戸数増により、あるいは増大した農業生産力の容れ物として、「除地屋敷」の屋敷地が不都合になってきたこともあったであろう。

「除地屋敷」に住んでいた九八年間に、そこでの家数は二〇余戸から三二軒に増加した。

＊小林茂ほか『部落史用語辞典』柏書房、一九八五年、三八
＊＊小林茂ほか、前掲書、三八

この三二軒を少なすぎるのではないかと疑問視する説があり、*筆者も以前はそう思っていたのだが、**今では、三二軒がやはり妥当なところであろうと考えている。

その理由は第一に、上泉郷に移住後、元禄一二年（一六九九）に出された「畑反畝高寄帳」では「古屋敷」の畑地が二八筆であり、***その筆数がおよそ屋敷数に相当するであろうことである。

第二に、疑問視説で根拠にしている元禄三年（一六九〇）の「死牛馬取捌心得一札」の署名が五六人であったことについては、****署名の性格上、世帯主ばかりでなく同居人なども署名に加わっていたのであろうこと。これに対し、その五年後の元禄八年（一六九五）の同様の「死牛馬解捌取極一札」においては署名人が、おそらくは世帯主のみの二四人（地方三役を除く）になっていることである。*****後者の「取極一札」の二四人のうち二二人が、前者の「心得一札」に名前が挙がっていることからも、この五六人の署名人には、世帯主以外が加わっていたと推測できる。

従って、家数三二軒は、ほぼ間違いがない数値と考えてよかろう。

いずれにしても、このように戸数が増え、加えて上泉郷や出作地で大きく発展しつつある農業や、進捗しつつある皮革産業を支える基地としては、三反八畝弐拾八歩の屋敷地は、広さや立地、そして機能においてすでに限界が来ており、生産や生活の面での矛盾をきたしていたと思われる。そこには、新たな農業の基地、すなわち新たな農村集落

*『ある被差別部落の歴史』、七
**拙稿「南王子村の村落形成史①」『椙山女学園大学研究論集』第四一号人文科学篇、二〇一〇年三月、七七
***『奥田家文書』第七巻、七七〇
****『奥田家文書』第一二巻、三六四
*****『奥田家文書』第一二巻、三六五

への願望が、すでに大きく膨らんできていたと思われるのである。

そのようなところへ、王子村農民による焼き打ち事件や支郷化の動きが起こった。こうした事件を契機にして、新集落の建設・移住を本格的に追求しはじめたと見ることの方が、自然な流れであろう。そしてその七年後、「一村立」を「除地屋敷」の人々は実現してしまったのである。

新たな村へ

おそらくは元禄一一年（一六九八）に、「除地屋敷」の人々は、上泉郷の新たな屋敷地に挙村移住した。集落中心同士の距離で見ると一五〇mほどの、地続きでの移動である。この時点から、今まで住んできた屋敷地は「古屋敷」と呼ばれることになった。

この移住にあたっては、当然ながら役所や奉行所と幾度となく折衝し、それが「願いの通りに仰せつけ下さいました」という前述のような許可につながったのであろう。また、旦那寺である一向宗西教寺も、この願書の後、他の村民とほぼ同時期に移転を果たした。

この挙村移住により、南王子村の人々は「新天地」を確保した。従来との変化は以下の諸点にある。
① 独自の行政権の獲得…王子村による支郷的待遇から形式上完全に脱却し、前述のよ

うな地方三役や高札などに関する行政権を獲得した。「一村立」である。
②農地との一体化…上泉郷の開墾地と「除地屋敷」とは、近いとはいえ一体感の乏しい距離と配置にあった。それを、開墾地の一部を屋敷地に転換したことにより、他の農村と変わらない、農地と一体化した集落配置を実現したのである。まさに「一村立」の姿の具現であった。このような、新村を住民自らの手で計画し実現するというようなことは、当時、全国に類例がなかったのではなかろうか。
③屋敷地の飛躍的拡大…「除地屋敷」の広さは前述のように三反八畝一八歩であった。これが、移住後の屋敷地の広さは、一町七畝三歩*になった。実に二・七五倍への飛躍的な屋敷地の拡大である。
④「除地」からの脱却…「除地（無年貢地）」に居住することは、有利であるかに見えるが、前述の文書にもあるように「何事も下賤に扱われ」る要因でもあった。すでに農民として十分に成長した南王子村の人々は、この年貢を負担することにより、下賤に扱われる状況から脱却し、自立した農民としてのプライドを手に入れる道を選択したのであろう。

このように、質的には「一村立」の達成と、農地と一体化した集落配置の実現、量的には従来の三倍近くの、当時としては広大な屋敷地を確保したのである。この時の南王子村の人々は、天にも昇るような希望に包まれたことであろう。

＊正徳三年（一七一三）「諸色指出帳」『奥田家文書』第一巻、一

そのことを示すデータがある。
移住から一五年後の正徳三年（一七一三）、南王子村の戸数は九四戸（高持三五戸、無高水呑百姓五八戸、寺一戸）、人口は四〇三人に増加した。* 移住時の三二戸（ほとんど高持と思われる）、二〇三人に比べ、戸数で実に三倍、人口で二倍に、わずか一五年間で飛躍的に増加したのである。

この中でとくに、高持百姓《たかもちびゃくしょう》**はさほど増えていないのに対し、無高が五八戸となっていることに注目する必要があろう。「除地屋敷」時代の敷地条件では、家を分けて住むことができなかったであろう人たちが、新たな村では家を構えることができたこと、ただし農地は分けるのでなく無高のままであったことを、この数値は示しているのであろう。

この無高層が、南王子村のその後の生産構造を特徴づけている出作《しゅっさく》***・小作や、雪《せっ》踏《た》産業の、中心的な労働力供給源となってゆくのである。

「古屋敷」その後

挙村移住の後、前述のように「除地屋敷」のあった場所は「古屋敷」と呼ばれるようになった。この地区は、その住民が南王子村に移住した後はどのような姿になったのであろうか。「古屋敷」と言うからには、その後も屋敷が残ったかのような印象を与えら

*『奥田家文書』第一巻、三
**江戸時代、耕地と家屋敷を持つ百姓。無高・水呑に対して高持とのみ略して使われる。（永原慶二監修『岩波日本史辞典』岩波書店、一九九九年、四五二）
***でつくり、でさく等とも読む

れるが、実際は、それまであった屋敷はすぐに取り壊され、畑地になったようである。その根拠は次の三点にある。

①前述のように、移住の願いを、「除地屋敷」の敷地が「信太山山谷の落合筋にあり洪水の時節など迷惑していましたので、屋敷替をしたく思い」提出していたことから、移住後にその敷地に屋敷が残っている、というのでは筋が通らない。

②新たな場所に家を移転・建築するのに、当時の一般的な庶民住宅の常識として、建築資材の多くは移転前の家に求めた、ということである。移転後の家の主要な躯体に新資材を使うことは、経済的に難しかったと思われる。移住を前に「除地屋敷」の家は解体され、その材料が、移住先の住宅資材に転用されたと考えるのが自然である。

③「除地屋敷」は無年貢地であったが、移住後はその適用が外された。その「古屋敷」となった土地は年貢の対象となり、石盛*が新たに必要になった。後述するように、元禄一二年（一六九九）すなわち挙村移住の翌年に、この石盛が実際に行われ、「古屋敷」のすべてが「上畑」に格付けされたのである。そして、そこを南王子村の人々が耕作するのだが、そこでの農業は、南王子村から王子村への出作とされた。

天保八年（一八三七）の「和泉国泉郡王子村郷村高帳」という王子村側の文書に、次の記述が見られる。**

高五石六升壱合　王子村支配地に古来から住居してきた穢多は、元禄十一年

*年貢高のための土地の格付け
**『奥田家文書』第七巻、八七二

に、穢多屋敷三反八畝廿八歩一囲から、屋敷替と高入（除地の適用除外）を願い出て、翌年より古屋敷は起返（屋敷地から畑地への転換を指すと思われる）になりました。年貢の上納に関しては（この古屋敷の場所は）王子村支配となりました。この穢多どもは今は上泉領に住んでいますが、もとは王子村領内から出たのですから、只今に至っても信太郷中の穢多であり、南王子村と唱えています。

このことからも、「古屋敷」では農業が営まれ、王子村への出作とされていたことが分かる。

他村への出作の場合の年貢は、ある時期から出先の村ごとに南王子村で取りまとめていたようで、天保一五年（一八四四）の南王子村から王子村への年貢を取りまとめた「王子村出作御年貢収集帳*」が遺されている。それには他の出作人と並んで、「古屋敷」分の年貢について、次のように記入されている。／は改行を示す。

一、高五石六升壱合　古屋敷　／一、銀八匁四分四厘　十月納　蔵元分　／一、米弐石五斗三升　四合六勺　／一、九匁壱分壱厘　十一月納　米入用共　／一、四匁八分四厘　十二月納

すなわち、三反八畝二八歩の上畑の分米（石高）は五石六升一合であり、それに対する天保一五年の年貢を、十月に蔵元分として銀八匁四分四厘、一一月に米二石五斗三升四合六勺と銀九匁一分一厘、一二月に銀四匁八分四厘を収めていることが分かる。

＊『奥田家文書』第七巻、一一〇

このようにして「古屋敷」は、王子村領内への南王子村からの出作畑地として、江戸時代を通じて畑の姿を保っていたようで、明治一八年の地図（図2〔二七ページ〕）においてもここは畑であった。昭和五年（一九三〇）の「信太山演習場一般図」（図5〔四二ページ〕）を見ると、「古屋敷」に該当する土地は、この頃には住宅地に変わっていたようである。

「古屋敷」への出作者

この「古屋敷」の土地所有者（出作者）を書き出した資料が、江戸時代の二つの異なる時期について、残されている。それをまとめたのが表2である。合計三反八畝二八歩の土地を、二九筆でもって、余すところなく分割していることが分かる。

このうち元禄一二年（一六九九）一一月の「畑反畝高寄帳」*は、上泉郷へ村が移住した翌年に、「古屋敷」の土地所有者の名前と面積を書き上げたものであり、末尾の合計面積（反畝）に、上畑の反当り標準収量の「一石三斗」を掛けて「分米合五石六升一合」の石高を記載している。

その上で「右の通りに惣中が立合い、相違無きように相改め、このように帳面に極めおくもの也」と結んでいる。すなわち、今後ここに出作することになる面々が、おそらくは現地で立ち会った上で、この帳面を作ったのであろうと思われる。

＊『奥田家文書』第七巻、七七〇

この「高寄帳」における一筆ごとの面積は、最小一六歩*から最大五畝二歩（一五二歩）まで、多様である。屋敷地を畑地に「起返」し、その全体を分けるに際して、南王子村の住民――僧職を入れて二八人――が、その力と希望に応じて分割したのであろう。

*一歩は宅地の一坪に相当

表2　「古屋敷」畑地所有者

元禄12年の記載順	畑面積		所有者	
	畝	歩	元禄12年（1699）	天明4年（1784）
1		29	太左衛門・王子庄左衛門	為右衛門
2		27	弥左衛門・王子庄左衛門	為右衛門
3	1	10	太郎兵衛	角右衛門
4	5	2	助右衛門	利右衛門
5		24	右衛門三郎・王子治兵衛	利右衛門
6		24	七郎兵衛	源次郎
7	1	9	兵右衛門	兵右衛門
8		20	安太夫・王子庄左衛門	為右衛門
9	2	28	作右衛門	治兵衛・九兵衛
10	1	17	仁兵衛	四郎兵衛
11		19	次郎右衛門	徳兵衛←次郎兵衛
12		16	吉右衛門	与左衛門
13		29	三右衛門	与三兵衛
14	1	1	弥右衛門	為右衛門
15	1	6	小右衛門	左次右衛門
16		18	甚兵衛	左次右衛門
17	1	17	用讃	角右衛門
18	1	9	教忍	徳兵衛
19	2	1	久左衛門	左次右衛門
20	1	2	久右衛門	与左衛門
21		20	左兵衛	為右衛門
22	1	27	仁右衛門	安兵衛
23	1	2	太右衛門	為右衛門
24		29	市郎右衛門	与左衛門
25		24	権右衛門	与三兵衛←太郎兵衛
26		28	徳兵衛	兵右衛門
27		19	祐意	為右衛門
28	2	22	助左衛門	三郎右衛門
29		29	寺地	寺地

・畑面積の合計は3反8畝28歩。地目はすべて「上畑」。
・元禄12年の作右衛門の畑は、享保14年（1729）に半分を与左衛門に譲っている。
・←は、所有者が移行したと思われる記述になっていることを示す。

表の中の用讃、教忍、祐意は、僧職の名前であり、この頃は教忍が西教寺の住職であったと思われる。[*] 西教寺については前述のように、前年の三月に移住の願書を奉行所に出していることから、この時点では移住が完了し、元の場所は畑地に転換されていたものと思われる。表の中の「寺地」については、教忍個人とは別に記載されているところを見ると、何らかの寺の資産として耕作したものであろう。あるいは配分の結果、除地の公称三反八畝二八歩に対して、何らかの都合で[**]二九歩（全敷地の二・五％）の不足が生じてしまい、それを「寺地」として計上し帳尻を合わせたとも考えられる。

「古屋敷」での出作を開始してから八五年後の、天明四年（一七八四）の「古屋敷高反畝名寄帳[***]」を見ると（表2の右列）、この間、出作者の傾向に変化があることが分かる。

変化の一つは、小規模の畑地が、幾人かの出作者の所有に集約されてきていることである。為右衛門が、一九歩から一畝二歩にかけての小規模な七筆の畑地を、合わせて五畝二八歩所有したのを筆頭に、八人の出作者がそれぞれ複数筆の畑地を所有するようになっている。この集約化と言える動きは、新しい村から離れた場所にある「古屋敷」の、小規模な畑を個別に管理することの非効率さから、自然の成り行きとして起こったのであろう。

もう一つの変化は庄屋の利右衛門がここでの出作に参加し、二筆五畝二六歩所有していることである。このことは、さらに六〇年後の天保一五年（一八四四）の「王子村出

＊『奥田家文書』第一四巻、七三四

＊＊除地であったので大雑把な面積でも問題はなかったが、細分化にあたって改めて計測したら不足が生じたなど。

＊＊＊『奥田家文書』第七巻、八〇二

作御年貢取集帳」では、帳面上で「古屋敷」が利右衛門に続いて記載され、「高五石六升一合　古屋敷」として一出作者の扱いになっているように変化している。* 村単位で管理するという意識の強い場所に変化していったのであろうか。

* 六『奥田家文書』第七巻、一一一

第三章　「一村立」後の村勢拡大と「住宅問題」の発生

村勢拡大と屋敷地の変容

「一村立」を果たした南王子村は、その元禄の頃の後、村勢（戸数・人口）を急速に拡大した。図9にそれを示す。これに伴って、屋敷地の拡大と居住密度の増大という居住空間の変容が、大きく進行してゆくことになる。表3（八三ページ）にその状況を示す。

村勢拡大の要因は、条里地割のしっかりした村落空間を確保したことを基礎に、雪駄関連産業と出作・小作という、相互に関連する二つの分野の産業基盤を確保したことにあるであろう。斃牛馬処理権に基づく皮革産業は、雪踏表と並んで雪駄生産を支える重要な分野ではあったが、それだけでは村勢を牽引するほどの力にはならなかったであろう。

「一村立」ののち南王子村では、年を経るごとに膨大な量の「日稼業」層が生まれていった。そして貧しいとはいえ、その生活は成り立っていた。その要因はひとえに仕事の存在にあった。季節、年齢層に応じて、潤沢な労働力への需要が、飢饉などの一時期を除き、南王子村にはあった。その中身は主要には、雪踏関連産業と、村内農業に加え

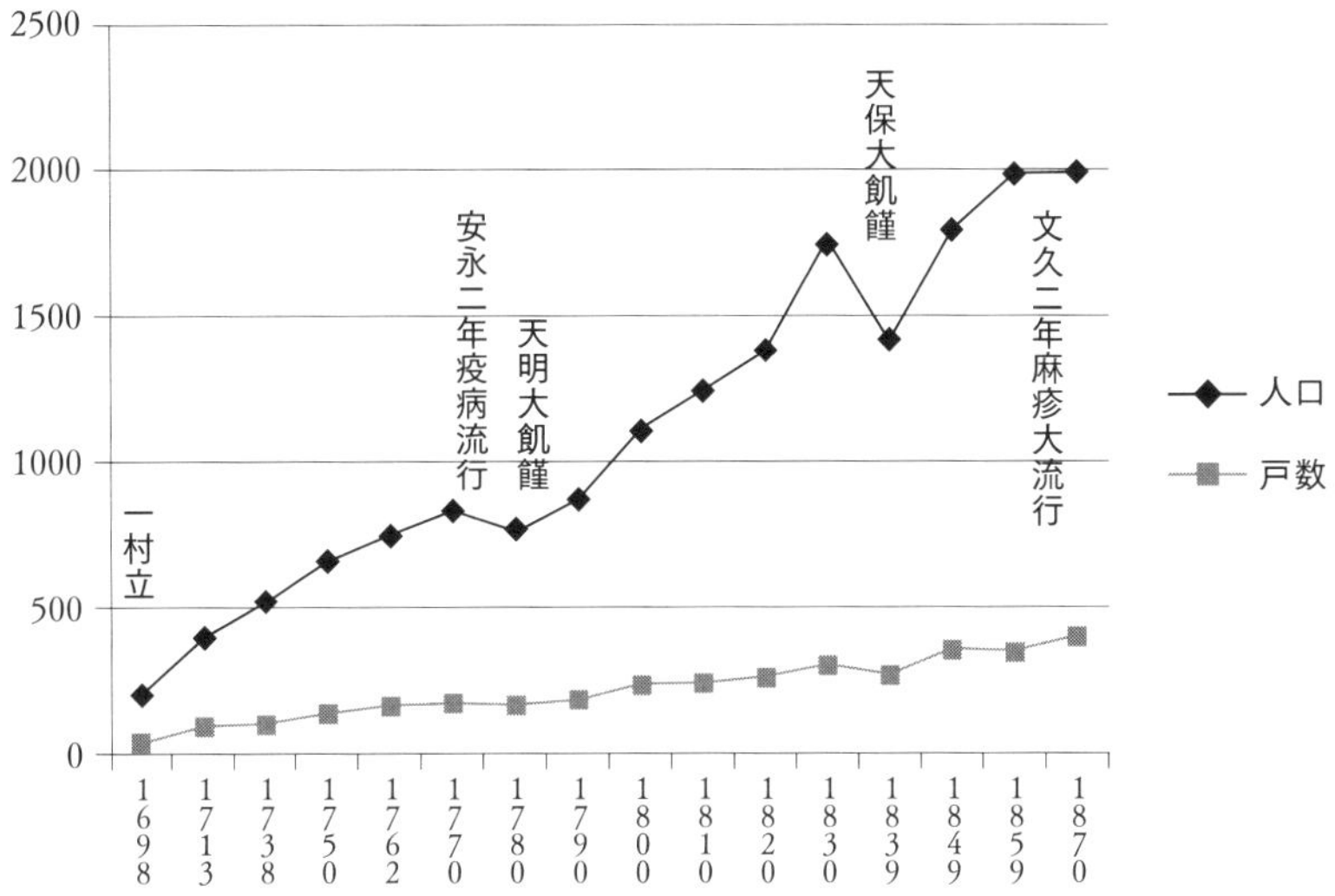

図9　南王子村の人口と戸数の推移

ての出作・小作であった。

この二つの強力な村独自の産業分野が、一般には農村部が停滞している状況にあっても、この村の村勢が大きく拡大する基盤になったのである。

なお三田智子氏は、南王子村において人口が増加する要因として、経済的基盤が村高以外にどの程度あるかに加えて、一般の百姓村のようなイエ数制限が南王子村には基本的に存在せず、イエが増えていく可能性が開かれているという村のあり方の側面を、イエと村落構造の精緻な分析に基づいて指摘している。*そうした村落社会的な背景もあったのであろう。

＊三田智子「泉州南王子村における人口増加と出作・小作」『部落問題研究』一九四号、二〇一〇年、六〇

拡大要因一――雪踏関連産業

雪踏（雪駄）は、竹皮草履の裏に馬革や牛革を貼り付け、*鼻緒を付けたものである。この竹皮草履の部分を雪踏表、あるいは単に表《おもて》と言う。雪踏の製造工程である表づくり（表編み―荒表―と表仕上げ）、鼻緒の製造と鼻緒立て、裏革の製造と縫い付け**には熟練を要した。この熟練を地域ぐるみで達成したのが、南王子村であった。

南王子村において雪踏は、「村ぐるみの雪駄作りが行われていた」***というほどの一大産業、一大産地に成長し、その技術への信頼度も高かった。販路は、大阪の渡辺村や「せきだや丁」など****を経由して、関西や全国に及んだという。

南王子村で雪踏づくりが行われていた証拠が文献にはじめて登場するのは、享保一三年（一七二八）のこととされている。*****それは、法度違反や近村への不作法をしないという連判証文の中の、次の一文に見られる。******

　私ども商売にて草履売りや雪踏直しに行っている折に、仏事・祭礼の場所へまかり出て、無作法な振る舞いをすることは致しません。

ここに出てくる「雪踏直し」のためには、雪駄づくりの技術、すなわち表づくりや鼻緒立て、裏革の縫い付けなどを、ある程度できる必要がある。一八世紀の前半には、南王子村における雪踏づくりの技術は、その程度のレベルにあったことを、この文書は示

*寺木伸明『部落の歴史―前近代―』解放出版社、二〇〇二年、七五

**雪踏の製造工程は畑中敏之『雪踏をめぐる人びと』かもがわ出版、一九九八年に詳しい。

***のびしょうじ『皮革の歴史と民俗』解放出版社、二〇〇九年、八二

****畑中敏之、前掲書、一〇四

*****畑中敏之、前掲書、一一八。のびしょうじ、前掲書、八三

******『奥田家文書』第四巻、一五五

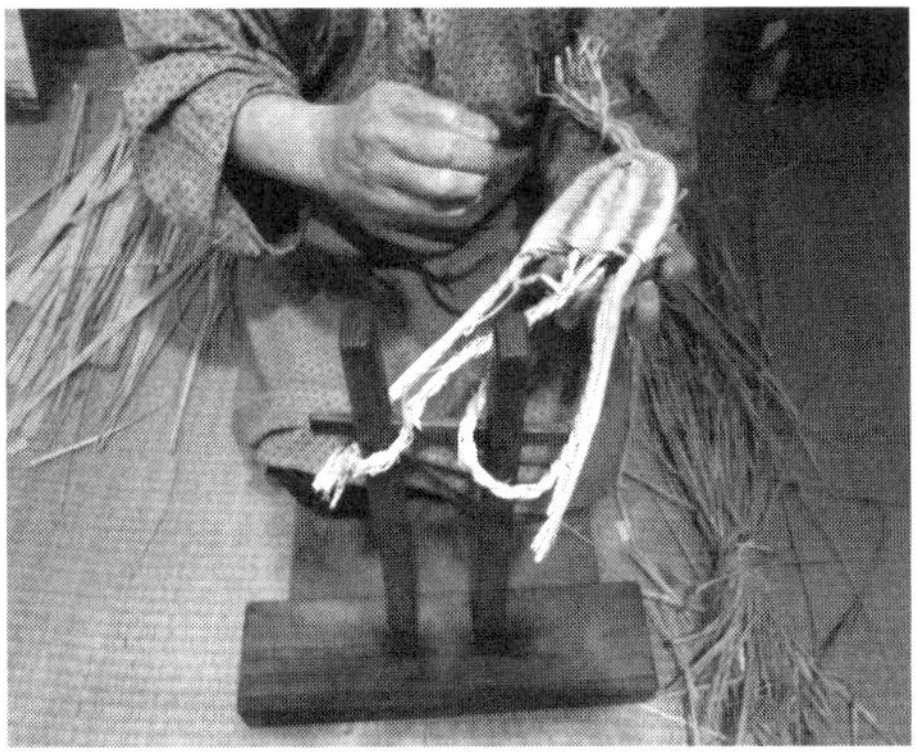

写真9　おもてづくり（和泉市立人権文化センター展示室の展示）（2012年10月撮影）

している。

ところで、「雪踏」という直接の表現ではないが、南王子村で雪踏表づくりが行われていたことを示す文献的証拠は、もう少し時をさかのぼることができる。正徳三年（一七一三）の「南王子村諸色指出帳」に、次の記述がある。*

百姓は耕作の間に、男の稼ぎとして縄、俵、農具を作っています。女は竹皮ぞうりの稼ぎをしています。

「竹皮ぞうり」とは雪踏表のことであろう。「稼ぎ」というからには賃働きであろうから、農家の女性が家で作った雪踏表（表編みの荒生地、写真9）を買い取り、新たな竹皮を農家に供給する商売が存在したことを、この記述から読み取ることができる。この雪踏表に鼻緒を付け、裏に皮を貼り付けるなどの工程が、すでに村にはあったのであろう。

正徳三年と言えば、南王子村が「一村立」をしてから、わずか一五年後である。だとすると、村は移住直後から雪踏表づくりを開始していたと見ることもできる。

またこの文書の「女は竹皮ぞうりの稼ぎ」すなわち雪踏表づくり、中でも表編みは女、

*『奥田家文書』第一巻、三

という分担は、この後ずっと続くことになる。男は表仕上げ以降の工程や、運搬、商業などにおいて、のちのち参加の度合いを強めてゆくことになる。

さて、一八世紀初頭のこのような雪踏表づくりの萌芽期から、一八世紀後半になると、雪駄づくりの全般を志向する農家が南王子村に現れてきた。天明四年（一七八四）の「江戸・京・大坂三ケ所革改会所」からの問い合せに対する庄屋名義の次の回答に、当時の様子をうかがうことができる。*

> 私どもの村方では、牛馬の革、鹿革とも、商売にしている者は一切ございません。村内にて取り捌いた死牛の革を雪踏にしている者は二人いますが、他へ売りに参ったり、他所で買ったりも、決して行なっていません。村内にて取り捌いた死牛は、右の通り雪踏にしておりますので、恐れながらこのことを申し上げます。

この文書から、村内で捌いた死牛の革**を使って雪駄の完成品を作っている家が、二軒あることを知る。当時の雪踏づくりにおいては、裏革の縫い付けは最終工程であることから、***完成品に至るまでの工程を村内で行っていたこと、それが二軒あったことをここから知ることができる。

またこの文書では、村内で得た牛革の多くが雪踏づくりに使われていたらしいことも伺い知ることができる。さらには鼻緒も、初歩的なものが村内で製造されていたと思われる。従ってこの天明ごろには、雪踏づくりの基礎的な工程が、村内に揃っていたと考

*『奥田家文書』第四巻、七八三
**「革」は「皮」の毛を取り鞣すなどして利用できるようにしたもの
***畑中敏之、前掲書、九五

えても良さそうである。

そして南王子村における雪踏づくりの隆盛の一九世紀を迎える。それをリードした代表格は五兵衛家である。

五兵衛家については他書に詳しいので、*ここでは、三代目（一七九四年から一八三一年まで戸主）四代目（一八三一年から一八五一年）の五〇年間ほど、村の雪踏産業を牽引し興隆させた家であること、同時に新興勢力として、庄屋など旧勢力と村政を二分する激しい政争（大入れ縺れ一件など）を繰り広げた家であることを述べるにとどめたい。

この五兵衛家などの大きな高持百姓で雪踏に関わった者や、雪踏製造を専業とした者は、宅地内に設けた「職部屋」**に通いで来る者に雪踏や雪踏表を作らせるとともに、各々の自宅においても雪踏表を作らせた。

天保一四年（一八四三）には、大坂市中の履物商人と取引のある南王子村の雪踏商人は、五兵衛を含め一六軒に達した。***このうち雪踏（完成品）を取引しているのは五軒（うち一軒は雪踏表も取引）。残りの一一軒は雪踏表のみ（うち一軒は荒表）の取引である。

この数値からでは断定しがたいが、おそらく完成品の雪踏を取引している五軒は、自ら完成品段階までを製造していたのであろう。五兵衛家もその中に入る。この五軒は、全国市場において十分通用する完成品を製造する力を持っていたということになる。

加えて注目されるのは、雪踏表のみを取引しているのが一一軒もあることである。そ

* 『ある被差別部落の歴史』や畑中敏之氏の前掲書など
** 『奥田家文書』第五巻、一五九
*** 『奥田家文書』第一二巻、一三五五七。畑中敏之、前掲書、一三三

れだけ南王子村の雪踏表の品質が確かだったことも、この数値は示している。

このように一つの村から一六軒も大坂に出向いて取引していたということは、村の中において、その製造技能の競争、切磋琢磨が、いかに激しかったかを示すことでもある。

こうした製造そのものの仕事のほか、雪踏に関連する仕事には、渡辺村や大坂市中へ向けての製品の運搬（荷持、中仕）、竹皮や皮革などの資材の製造・商い・運搬、あるいは村内での製品・半製品や資材の集配などがあり、雪踏産業の裾野は広かった。

これに加えて下駄の製造も、竹皮の表や鼻緒などの技術が雪踏と類似していたからでもあろうが、盛んに行われた。そして、これらの製品が消費者に届いてからの、雪踏や下駄の「直し」も、村民の重要な仕事の分野であった。

以上の雪踏や下駄に関しては、その関連を専業としたであろう者が、明治五年（一八七二）には、表12（一五九ページ）のように「職業」（製造業）三九軒、「商業」二七軒で、合わせると総戸数の一五・五%に上る。このほかに前述のような、高持百姓すなわち職業上は「農業」ではあるが自宅に「職部屋」を持っている者などを加えると、この分野をリードしている者だけでも相当数いたことになる。

そして、これに従事した膨大な「日稼業」の者を加えると、「村ぐるみの雪駄作り」が掛け値なしのものであったことが理解できる。

このようにして、膨大な「日稼業」層を養う産業基盤ができ、逆に言えばこの産業基盤自体が多くの労働力＝「日稼業」を必要としたという、絶妙なバランスが南王子村には生まれていた。

また、この雪踏産業を通じて貯えた資金は、次に述べる出作の飛躍的な拡大にも繋がっていったという。そのことを藤野徳三氏は、次のように指摘している。「南王子村の出作地は時代とともに拡大されていくが、それは雪踏関連産業によってえた利潤を土地に投資し、さらには日銭をためて土地を買取り、周辺農村に出作地を広げていったためである*」

拡大要因二——出作・小作

村内の農地には限りがある。王子村、伯太村などの、隣接する他の村との境界一杯まで開墾したとしても、限度がある。事実かなり早い時期に、この限度は来ていたと思われる。

加えて住宅地の中やその縁辺の田畑は、「田屋敷地」「畑屋敷地」として、住宅需要の拡大に押されて、石高は残したまま農地から宅地に転用されていったので、村域内における農地は実質的には減少していった。ただしこれは無制限な転用ではなく、江戸時代は、十五ノ坪〜十八ノ坪**、道の端の地区の範囲に制限されていたと思われる。四ノ坪〜九ノ坪はこの間、農地として残っていたようである。

＊藤野徳三「江戸時代における南王子村の雪踏産業（二）」『郷土の歩み』第二四号、六〇

＊＊坪の位置は三五ページの図3参照。

従ってこの転用の勢いからすると、村の農業は後退してしまうのであるが、南王子村ではこれを、積極的な出作・小作によってむしろ大きく増産していった。出作地は「近世中期には村高の二倍近く、さらに幕末には村高の三倍余りの出作地を周辺農村内に所有するにいたった[*]」のである。

出作とは、村の外に買い求め、あるいは何らかの経緯で取得した田畑へ、村から出向いて生産を行うことである。その出作地の様子を図10に示す。これは『ある被差別部落の歴史』六四ページの表のうち、天保四年（一八三三）の数値を図にしたものであり、南王子村から各村への出作の石数を示している。カッコ内のパーセントは、その村の村高に占める南王子村からの出作の割合である。

出作の合計石数は四六四石を数え、これは南王子村の村高一四六石の三・二倍に相当

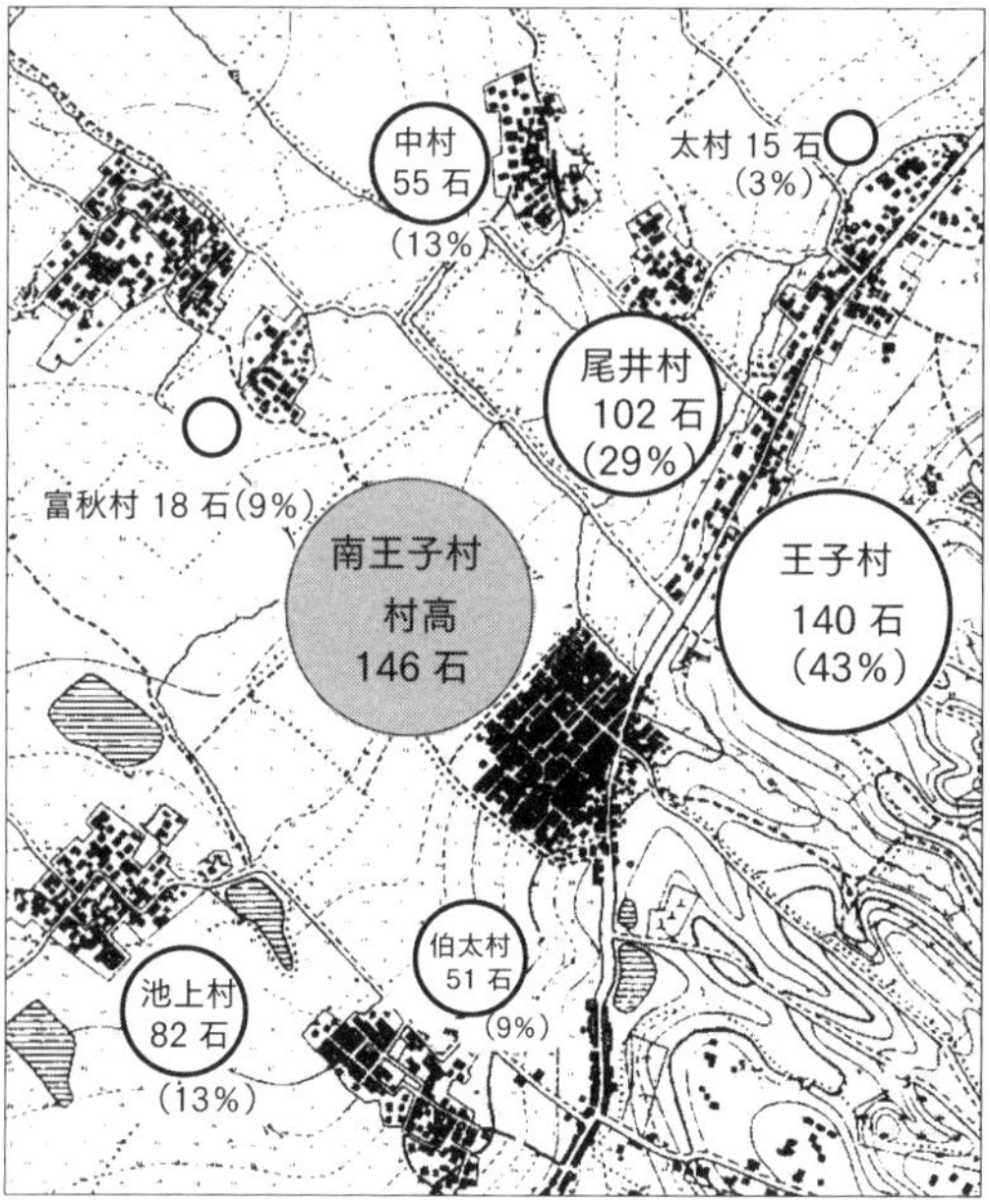

図10　南王子村の出作地[**]

＊『ある被差別部落の歴史』、六三

＊＊柏書房『明治前期関西地誌図集成』一九八九年の一部を下図とした。

する。また王子村への出作は、王子村の村高の実に四三%に達している。

このように出作が多い背景には、もともと「どうけが原」時代に王子村などに開墾・確保した農地や「古屋敷」が、「一村立」に伴って「出作地」扱いに転じたことに加えて、『ある被差別部落の歴史』が指摘するように、*著しい商品貨幣経済の発展による農業経営の破綻から、土地を手放す農民が近隣の村に増えたことなども挙げられよう。

さらには前述のように、雪駄産業を通じて得た莫大な資金により、こうした近隣の農地を獲得する資金力もあった、ということであろう。

しかしそればかりでは、出作の急激な増大を説明しきったことにはならない。すなわち、とりわけ田植えや取入れの繁忙を遠方に散在した出作地においてこなすことは、個別農家の労働力のみでは不可能に近いのであり、村内の潤沢な労働力＝「日稼業」層の存在を抜きにしては、出作**は不可能であったはずである。

「日稼業」層は、前述の雪踏産業を通じて、日常的に村内に大量に育成されていた。出作地の拡大は、こうした膨大な「日稼業」の集積という背景があってこそ可能であった。

出作地での仕事は、雇われる者すなわち「日稼業」層にとって、それなりの収入になった。また日常的にも、こうした人々は、田起こしや草取り、収穫物の運搬、農家の下働きや臨時の手伝いなどにあたっていたと考えられる。

出作がこのように活発になされる一方で、村外での小作もかなり行われていたことを

*同書、六五
**出作の際の具体的な状況、例えば作業小屋の有無、耕作者の生活、道具や運搬具などの管理などを示す史料は見当たらなかった。今後の研究課題となろう。

三田智子氏は指摘している。小作とは、地主との契約に基づいて、小作人がその土地で生産活動を行うことである。小作料（作徳、宛米）を地主に納めるのだが、そこには年貢分と地主の利益分が含まれるので、残りの小作人の取り分は小さなものになる。

三田氏はその小作が、嘉永二年（一八四九）のものと思われる史料*に基づいて、南王子村の総耕作面積七〇町、反当収量を一石五斗として、総計一〇五〇石程度。そこから村高一四〇石、出作高四〇〇～四七〇石を差し引いて、小作高を四四〇～五一〇石程度あると推定している。**

これを同史料にある反当収量一石一斗、それに村の総耕作面積七〇町を掛けて、生産総計を七七〇石とすると、南王子村から他村へ出かけての小作は一六〇～二三〇石となる。この場合でも、その小作高は南王子村の村高一四六石を上回る数値なのだから、かなり大きな石数である。いずれにしても村の農業の中で小作は、大きな比重を持った分野であることに違いはない。

広大な生業圏と情報圏

前述のような村勢の拡大は、単に南王子村の経済力や人口を大きくしていったばかりではない。雪駄関連産業も出作・小作も、村の生産的な活動領域、これを「生業圏」と名づけるが、それをも大きく拡大するという結果をもたらした。

＊『奥田家文書』第六巻、八九
＊＊三田智子「泉州南王子村における人口増加と出作・小作」『部落問題研究』一九四号、二〇一〇年、五四

南王子村は草場*によって近隣の二三〇村という広い領域を生業圏にしていたが**、それに加えて雪踏産業と出作・小作に伴う活動により南王子村は、他の一般村には見られない極めて広い生業圏と、それに伴う情報圏を成立させたのである。

雪駄関連産業は、前述のように、大阪の渡辺村や「せきだや丁」との取引を通じて大きく隆盛した。そこへの陸路や船便による雪駄の運搬に伴う社会関係や、大阪に集まってくる全国のさまざまな情報は、五兵衛ら雪駄産業のリーダーや村民たちの目を、全国へ大きく見開かせることになったであろう。

草場や出作・小作は、近隣の広い農村地域をも村の生業圏にした。このことは、一方ではそれをめぐるさまざまな矛盾やトラブルを発生させることになったが、他方では、南王子村を抜きにしては近隣一般村の生産・生活が成り立たないという、他村との強い結合関係をもたらすことにも繋がったのである。

当然のことながら、こうした結合関係により、近隣の村々の状況や「内情」を、南王子村の村民が把握することにもなったであろう。被差別という立場があるから、こうした情報をあげつらうようなことはなかったであろうが、村が日常的に近隣の村と円滑にやってゆくための判断材料として、これらの情報は大いに役に立ったことと思われる。

*かわた身分の斃牛馬（たおれぎゅうば）処理権の排他的な支配範囲、持場のこと。（小林茂ほか『部落史用語辞典』柏書房、一九八五年、九四）

**『ある被差別部落の歴史』九二

「住宅問題」の発生と拡大

ところでここで一つの大きな問題がある。それは前述のように莫大に増えてゆく労働力――無高層・「日稼業」層――の容れもの、すなわち住宅の問題である。例えば出作や小作を支える無高層も、その出作地や小作地に住宅を構えることはできず、住宅はあくまでも南王子村の村内にある。

屋敷地比率 E/D（%）	1戸当り平均坪数（E/A）	典拠（奥田家文書）
	36.5	第6巻418、第7巻770-
10.8	34.2	第1巻1-3
13.1	36.3	第1巻4-5
17.2	29.2	第1巻241-242、第4巻648
24.0	30.8	第1巻828、第7巻839
33.9	15.3	第7巻877-885

従ってそうした層が増えるということは、村内住宅の欠乏に繋がる。こうした「住宅問題」の発生を南王子村では、表3に見るように、村域の中での屋敷地の拡大と、その敷地の細分化の、両方でしのいでいった。

表のように、村域面積は一〇町弱と、当然のことながらほぼ一定である。それに対して、「一村立」後の正徳三年（一七一三）から天保一五年（一八四四）の一三〇年の間に、屋敷地面積は三・一倍に、戸数は三・四倍に、そして人口は三・九倍に増加している。人口に関しては、表の数値は天保大飢饉の直後のものなので、天保四年の一八一〇人で計算すると四・五倍に増加、ということになる。

屋敷地は大きく拡大したが、それを上回って戸数が、

表3　村勢史数値

年		戸数（A）	人口（B）	1戸当り人数（B/A）	村域面積（D）				全屋敷地面積（E）			
元号	西暦				町	反	畝	歩	町	反	畝	歩
元禄12	1699	32	203	6.34					0	3	8	28
正徳3	1713	94	403	4.29	9	8	8	26	1	0	7	3
元文3	1738	107	521	4.87	9	8	7	26	1	2	9	14
明和8	1771	173	835	4.83	9	8	6	24	1	6	9	10
寛政11	1799	225	1060	4.71	9	8	7	14	2	3	7	6
天保15	1844	322	1578	4.90	9	8	7	26	3	3	5	17

元禄12年は古屋敷から移転直前の数値。
明和8年・天保15年の戸数・人口はそれぞれ明和7年・天保14年現在。

そしてその戸数を上回って人口が増大したのである。すなわち全体的には、屋敷地（住宅地）の拡大と、一戸当たりの敷地・住宅の小規模化、居住密度の増加が進んだということである。

こうした住宅問題に対して、村では村域以外への宅地の拡大の努力をしていたようである。文政一二年（一八二九）に「村外建家ニ付願」という、庄屋・年寄から「御取締役中」宛ての次のような文書が残されている。当時の住宅問題の様子が良く分かるので、少し長いが要点の部分を引用することにしたい。*

恐れ乍ら書付を以て御歎き奉り申上げ候

一、私共の村方に関しましては、元来、小高・多人数の村なので、近くのご領地の村々や他領に至るまで出作していました。しかし追々人家が増え、差当りの居屋敷にも甚だ難渋し、もはや村内には少しの明地（空地）も無いように建て迫り、第一、火の用心など心許なく心配し、精々心を配ってお

＊『奥田家文書』第五巻、二二三

ります。…

右のように多人数ですので、追々出作等も多くなり、二季の秋毛の農方取入れの節は甚だ難渋し、百姓一同歎いております。村高の内（村域内）は御田地で恐れ入りますので、すでに当春よんどころ無く、伯太村の御田地の続きへ少々建設したく、彼方の村役人へ引合いをし、一札等を差入れ、三、四軒を建てていました。そうしたら普請の半途で又々察当（咎め・非難）を申し掛けられ、種々手を尽くし詫びをしましたが一向に聞き入れてくれず、是非も無く各々様（各方面）へ申し出て、ご苦労を被り成下候故（取り下げましたのでカ）、漸く事は納まりました。誠に以て居屋敷については、愚昧の私共は昼夜心配をし、どうなることか歎くところです。

先だっても御歎き奉り申上げましたように、毎々恐れ入る儀ではございますが、王子村御田地の内、海道（小栗街道）より私共方へ入り組んだ所の四、五反ばかり、即ち私共の村方で所持している地面を、屋敷（地）にしたいとかねがね願っておりました。しかし私共が下にて引合（交渉）しては、当時（現在）信太は人気（の土地）なので、とても私共では行き届かないと存じます。

恐れ乍らこの段をご賢察なされ、甚だもって願い上げ兼ねますが、何卒格別のご憐愍をもって、右場所へ人家を建設できるよう、厚きご勘弁をひとえに願い上げ奉ります。お聞き済みなされ事が成就しましたら、三、四年の間は安気の普請が出来ますので、自らの諸為に相成り、百姓の相続にいや増しに相励み、一同ご慈悲に存じ奉ります。

このように、南王子村の屋敷地不足は深刻な事態に立ち至っていたことが分かる。その主因が「もはや村内には少しの明地も無いように建て迫」ったことである。そして「火の用心など心許なく心配」とは書いているが、この嘆願書の主な動機は、火の用心や村民の狭小住宅の解消などにあるのではなく、「二季の秋毛の農方取入れの節は甚だ難渋し、百姓一同歎いて」いると述べているように、あくまでも高持百姓の農作業の都合にあることに特徴がある。

このことは、同年九月に村役人から「御取締役中」宛てに出された、次のような返答の「督促状」にも明らかである。*

…百姓は、籾干しの場所等の見当や手当支度について、この五月の毛替の節より申しており、早々に治定（決定）支度したいと申し立て、地主共は先だってより毎々私共へ向け相縋ってきております。しかし追々御繁用のことと愚察し、恐れ入り奉り（ご返事の催促を）差し控えておりました。

ところが最早この秋の毛替の時節に至り、（百姓たちは）種々相歎いております故、私共も何と申すべくもなく、勿論ただいま治定しなくては来春の普請も覚束なく、甚だもって恐れ多い儀ではございますが、それを顧みず又々お縋り奉り申上げ

＊『奥田家文書』第五巻、二九四

ます。

この歎願の結果がどのようになったかは、明らかでない。また「三、四年の間は安気」とあるように、これが実現してもそれは一時的な措置であり、根本的な土地不足がその背景には存在していることを示唆している。いずれにしてもこの頃、激しい宅地化と村内の建て詰まりが、発展してきた農業を受け容れる空間の不足、という結果を招来していたことは確かである。

土地家屋の不動産化

ところで、こうした激しい住宅地の拡大や宅地化、宅地の細分化は、一方では宅地や住宅が資産となり売買対象とされてゆくこと、すなわち不動産化してゆくことを意味している。表4に、南王子村におけるその進行を見てみよう。この表は、『奥田家文書』の第一巻から第三巻までの「宗門改帳」に記載の住宅所有関係を、およそ一〇年間隔で表にしたものである。

「宗門改帳」のうち寛延三年（一七五〇）のものについては、「無高百姓」なる記載が四一軒あった。これはおそらく、村内には土地（農地・屋敷地）を持たないが、出作や小作により農業に主として携わっている者の数であろう。このうち四〇軒は「借地」、一軒は「借家」に住むと記述されていたので、表の作成にあたっては、それぞれに振り

表4　住宅所有関係の変遷

年	西暦	軒　数					割合（%）		
		百姓	借地	借家	不明	合計	百姓	借地	借家
寛延3	1750	55	72	5	2	134	41.7	54.5	3.8
宝暦12	1762	60	82	2	15	159	41.7	56.9	1.4
明和7	1770	64	102	6	0	172	37.2	59.3	3.5
天明2	1782	75	89	19	0	183	41.0	48.6	10.4
寛政2	1790	79	78	27	0	184	42.9	42.4	14.7
寛政12	1800	98	103	29	0	230	42.6	44.8	12.6
文化7	1810	90	115	35	1	241	37.5	47.9	14.6
文政3	1820	89	123	47	1	260	34.4	47.5	18.1
文政13	1830	87	162	52	0	301	28.9	53.8	17.3
天保12	1841	79	136	87	1	303	26.2	45.0	28.8
嘉永4	1851	82	116	141	0	339	24.2	34.2	41.6
文久3	1863	75	115	154	3	347	21.8	33.4	44.8

「割合」は、「不明」の軒数を除いた合計に対する割合とした。

分けて入れた。この「無高百姓」の記載の事実から、寛延三年当時、出作・小作は四一軒あったであろうことが推定できる。

二年後の宝暦二年（一七五二）の「宗門改帳」には、「無高百姓」は一軒しか記載がなく、それを最後として「無高百姓」の表現は「宗門改帳」には現れてこない。おそらく、出作・小作の者はこの頃に「百姓」という概念から外され、「借地」または「借家」の中に数えられるようになったのであろう。

表4にある「百姓」は、「1．村に住み、2．所持する田畑で営む農業を生業としながら、3．村

請け年貢・諸役の義務を負担した*」身分のこととされている。屋敷地も年貢の対象とされていることから、それを負担すべき土地に住居を構えている、すなわちこれは「持家」と同義と考えても良いのであろう。

　ただし、村内に田畑を所有している者はすべて「百姓」とされていたかというと、そうではないらしい。村内に石高を有しながら借地に住んでいる者もわずかにいるのである。明治四年（一八七一）の「辛未戸籍」の調査によると、そうした者は、農業をしながら借地の者二二軒（表13〔一六二ページ〕）のうちの四軒であった。そのうち三軒（栄七、惣七、惣四郎）は父親からの借地であり、**一軒（四平）は別の地主からの借地である。***この四軒は、たとえ村内に農地を持っていたとしても、「百姓」とは見なされなかったのではなかろうか。「百姓」として「分家」するためには、その住宅が「借地」であってはならなかったと思われるが、このことについては、なお検討を要する。

　村高（村内の石高）のある屋敷地を所有し「百姓」になることは、表4に見るように、寛政一二年（一八〇〇）頃までは熱心に進められた。その背景には、三田氏が指摘する、****天明四年（一七八四）の村方取締りに関する「申渡事」*****において、村高所持の村政上の位置づけが明確にされたことも関係しているようである。

　このように「百姓」（＝持家）をめぐる一時的な増勢はあるものの、全体としてその割合は大きく減少しており、寛延三年（一七五〇）から文久三年（一八六三）までの百

＊『岩波日本史辞典』岩波書店、一九九九年、九七四
＊＊『南王子村文書』第一巻、三一四、三三八、三一九
＊＊＊同前書、三一二
＊＊＊＊三田智子「泉州南王子村における人口増加と出作・小作」『部落問題研究』一九四、二〇一〇年、五三
＊＊＊＊＊『奥田家文書』第六巻、五八八

余年の間に、四一・七%から二一・八%へと半減してしまっている。「借地」に関しても、それほどではないにしても、割合は明らかに減少している。

これに対して「借家」は極めて大きな変化を見せている。表4のように、最初の二〇年ほどは村内で例外的な存在でしかなかった「借家」は、天明の頃からは一定の比重を占めるようになり、幕末期にはついに、他を凌駕する存在にまで膨れ上がったのである。「借家」は、月単位で貸借取引がなされる流動性の高い不動産である。従って、表13に見るように「日稼業」層が多く利用した住宅となっている。また住宅規模も、表17(一六八ページ)に示すように、小規模なものが圧倒的に多い。南王子村における住宅の小型化と敷地の細分化は、この「借家」の急増が主な要因であったことが分かる。

こうした進行の中で、村内では土地や建物の売買や、それを質物にして借金をするということが盛んに行われるようになった。『奥田家文書』の第一一巻から第一二巻にかけての「金融」の章には、家や土地の「売渡証文」「質証文」の類が、幕末期を中心に数多く収録されている。その詳細な検討・研究は、いずれ進められる必要があろう。

この質入れの際のルールや、地主、家主、借地人・借家人とその親類、五人組、組頭、村役人の権利・義務関係は、前述のように早くも天明四年(一七八四)の時点で、「申渡事」により明確化されている。* その紹介と分析は、三田智子氏が詳細に行っている。**

こうした不動産の状況を背景に、雪駄産業などで財を成した村内の資産家は、地主・

*『奥田家文書』第六巻、五八八
**三田智子「泉州南王子村における村落構造の変化」『部落問題研究』一八五号、二〇〇八年、三六

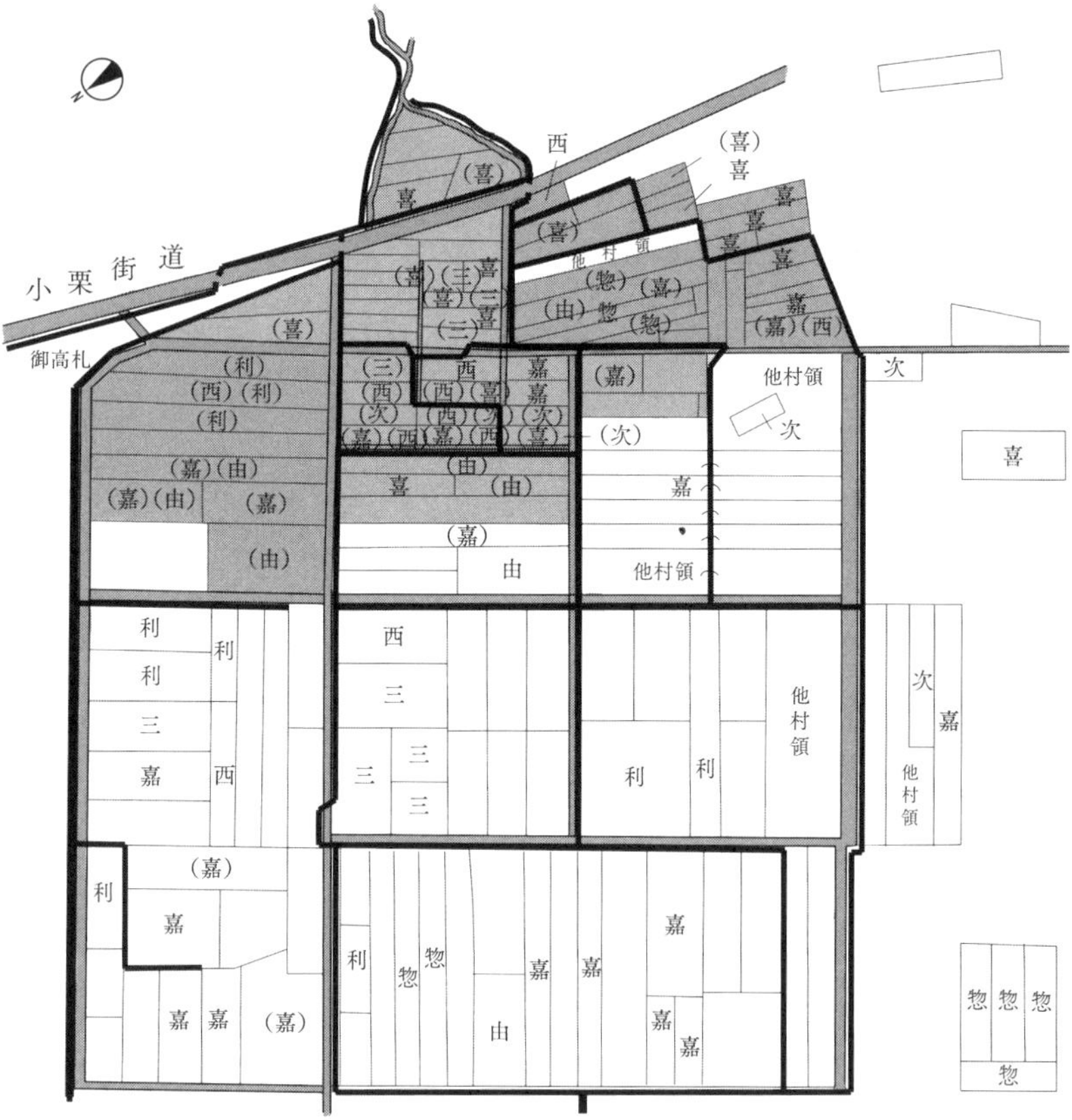

図11　地主の状況＊（7カ所以上所有の地主）

嘉:嘉兵衛（24カ所）　喜:喜八（19）　西:西教寺（11）　利:利右衛門（10）　惣:惣兵衛（9）
三：三右衛門（9）　由：由右衛門（8）　次：次郎兵衛（7）
図の中のカッコ付きの箇所は、一筆の内の一部を所有していることを示す。
灰色は屋敷地

＊『奥田家文書』第七巻、八八六、「安政五年名寄帳」より

家主化して貸地・貸家経営にも手を伸ばすようになった。図11は、次章で述べる村内の土地区画の絵図に、安政五年（一八五八）現在において七カ所以上の土地（農地を含む）を所有している者をプロットした図である。

南王子村には、後掲の図12、図13に見るように、一五四筆（名請の数）の土地があるが、そのうち九七筆（六三％）が図11に挙げた八人の所有、または部分所有の下にあることが分かる。南王子村の土地全体（農地と屋敷地）のおそらく半分以上は、幕末期、この八人の所有の下にあったことになる。こうした地主・家主層の存在は、村内の社会関係にも大きな影響を与えたと思われる。

第四章　村落空間の構造と要素

「一村立」と村落空間の構造

前述のように、村落が村を挙げて他の地区に移転すること、しかもそれを村民自らが望んで行ったであろうことは、当時極めて珍しいことであった。

時の権力の都合などによって、例えば被差別部落が強制的に移住させられるようなことは、前述の渡辺村や塩穴村に見るように、全国的には数え切れぬほどあったであろう。また、名古屋城下町をつくる時の「清洲越し[*]」のように、街ぐるみが新たな都市建設のために移転させられるという例も、戦国期から江戸時代初期にかけては幾つも見られた。

しかし江戸時代も安定期に達した時期に、農民が自ら望んで挙村移転するというようなことは、他に例を見ないであろう。

このように極めて珍しい事例として、南王子村という新たな村落空間が生まれたのだが、この新村建設は、何もない更地に新たに縄張をして、計画的な村落空間を造るという形で行われたわけではなかった。

そうではなく、すでに開墾を進め、あらかた農地の姿ができあがっていた条里地割の

＊江戸時代初期、名古屋城の築城とその城下町の形成のために行われた清洲から名古屋への都市の移転。

うち、小栗街道沿いの畑地の多い場所を、挙村移転、新村建設の対象としたのである。それは、図3（三五ページ）に見る「道のはた」の全域と、「十五の坪」から「十八の坪」にかけての地区の半分ほどにあたる。図13（九八ページ）の網掛けの所が、移転当初の屋敷地の推定範囲である。

このこと、すなわち村落空間の基盤がすでに農地として開墾されていた土地であり、その基本構造——道、畔、土地筆界、水路などのインフラ——を、そのまま村落空間の基盤として引き継いだことが、その後の南王子村の村落空間の構造を強く規定することになった。

村落（屋敷地）の平面図的な姿は、大きく言って二つに分かれる。一つは後述の「中道」から東側の「道のはた」と「十五の坪」の半分の地区である。ここは条里地割の縁辺部分であり、小栗街道から東は自然地形に沿った道路形状になっている。あと一つは、条里地割のはっきりした「十六の坪」「十七の坪」「十八の坪」の地区である。

こうした村落空間の構造は、昭和四七年（一九七二）に当地で開始された、同和対策事業特別措置法に基づく住宅地区改良事業に至るまで、二七〇年ほど続くことになった。

寛政元年の南王子村絵図

南王子村の姿は、全体像が「寛政元年御検地碁盤絵図」*（以下「碁盤絵図」と略す）に、

＊『奥田家文書』第一巻、巻末附録

屋敷地のみを再録したものが「屋舗《やしき》絵図*」に、二枚の絵図として残されている。城下町の絵図ならともかく、当時の一農村集落の姿が、このような詳細な絵図として残されているのは、珍しいことであろう。

この絵図には土地の一筆ごとに、名請、石盛すなわち土地の生産高格付**、面積、分米高のデータが記入されている。このデータは延宝七年（一六七九）の検地帳***とまったく同じであるから、書かれた名前は寛政元年（一七八九）現在の土地所有者ではなく、「名請」（検地当時の年貢負担責任者の名前を、その後、代替りや所有者の変化があっても、一筆ごとの土地のラベルとして残した）の名前であることが分かる。

この絵図は従って、村全体を描いた「碁盤絵図」は延宝七年から寛政元年までの変わらぬ姿を、「屋舗絵図」は寛政元年現在の姿を示していると思われる。このことから、「一村立」を果たした元禄一一年（一六九八）当時の南王子村の、農地を含めた村全体の姿は、「碁盤絵図」にほぼ正確に表わされているといえる。

ただし畔・土地筆界は、狭い土地についても絵図にデータを記入する必要から、実際よりも大きく表現されている箇所もある。また移転当時の屋敷地については、「屋舗絵図」よりも狭い範囲****であったと思われるが、このことについては後述する。

この二つの絵図をトレースして図にしたのが、図12と図13である。そして図中の番号に対応するデータを、表5、表6に示した。ただし、表の右側の「安政五年名寄帳」と

*同第三巻、巻末附録
**上田、中田、下田、上畑、中畑、下畑
***『奥田家文書』第七巻、六九九
****図13の網掛けの範囲

あるのは、安政五年現在の所有者を示している。個々の土地の幅と奥行は延宝七年の検地帳により知ることができるが、煩雑さを避けるためこの表からは割愛した。

なお参考のために、「碁盤絵図」に該当する箇所を、昭和二一年に米軍が撮影した空中写真*に描きこんだものを、図14に示す。この図を見ると、この「絵図」の姿がより具体的に把握できると同時に、条理地割に基づく当時の敷地割が、その後の村落の空間構造を強く規定したことが良く分かる。

図12の「碁盤絵図」には、南王子村の村領と村の権益に関わる施設の、おそらくはすべてが描かれている。絵図の「御高札」の北側には「古屋敷」があるが、この時点では前述のように南王子村の出作地となっており、描きこまれていない。

「どうけが原」時代に信太郷内で開墾した土地、すなわち「信太郷かわた村御指出」に書き出された土地は、すでに南王子村の「村領」ではなくなり、そこでの南王子村村民の農業は、王子村や富秋村の村領への出作と位置づけられるようになっている。従って、それらも描かれていないのは当然のことである。

さて図12を見てみよう。小栗街道から東側には惣ノ池、今池という、王子村と樋権を分け合う二つの池と、槙尾道《まきおみち》（山家道）、墓地が描かれている。分水から西に向かう水路は南王子村の灌漑等に使われ、北へ向かうのは王子村のための水路である。

「貞享二年より新開」とあるのは、貞享二年（一六八五）から村が開墾をした土地であ

*国土地理院発行、一九四六年六月六日撮影

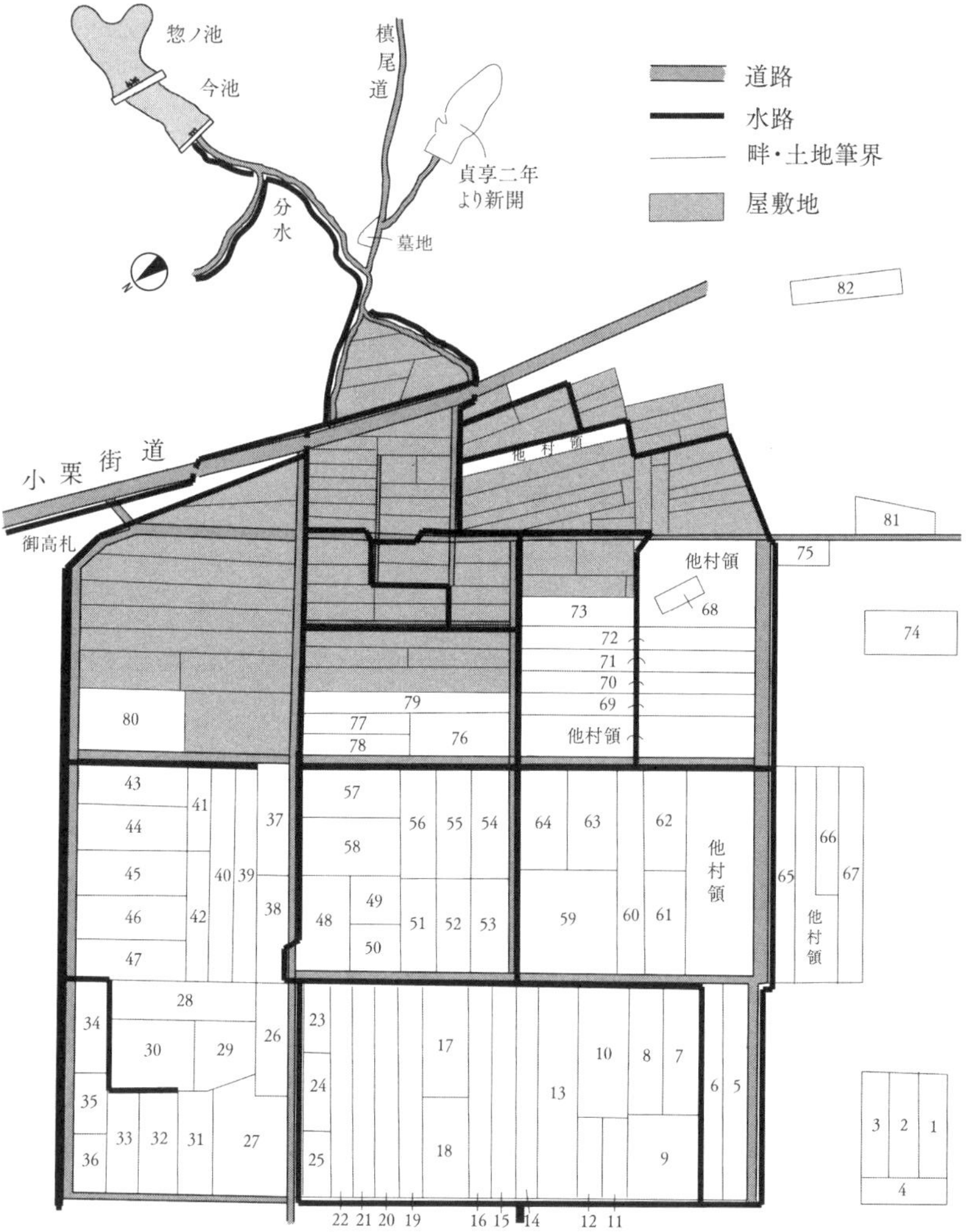

図12　寛政元年　碁盤絵図*（図の中の番号に対応するデータを表5に示す）

＊『奥田家文書』第一巻、巻末付録の絵図を下図にした。

表5　碁盤絵図の名請と安政5年現在の所有者

番号	字	石盛	面積 反.畝.歩	名請（延宝検地）	安政五年名寄帳
1	花村	上畑	4.04	彦左衛門	惣兵衛
2	〃	上畑	3.20	弥兵衛	惣兵衛
3	〃	中畑	4.00	出作はかた村久兵衛	惣兵衛
4	〃	中田	28	出作はかた村久兵衛	惣兵衛
5	四ノ坪	中田	1.1.09	作十郎	安右衛門
6	〃	中田	1.1.24	太兵衛	安右衛門
7	〃	上田	8.20	吉兵衛	嘉右衛門
8	〃	上田	9.23	徳右衛門	嘉右衛門
9	〃	上田	1.1.24	又右衛門	文次
10	〃	中田	1.6.02	又右衛門	嘉兵衛
11	〃	下田	4.08	又右衛門	嘉兵衛
12	〃	下田	4.08	忠右衛門	嘉兵衛
13	〃	上田	1.6.01	五郎右衛門	安右衛門、重七
14	〃	上田	1.0.25	次郎兵衛	嘉兵衛
15	五ノ坪	上田	1.1.00	又兵衛	儀助
16	〃	上田	1.0.25	若太夫	嘉兵衛
17	〃	上田	1.0.18	弥左衛門	六右衛門
18	〃	上田	1.0.18	久左衛門	由右衛門
19	〃	上田	1.0.00	助右衛門	藤一郎
20	〃	上田	1.0.14	久兵衛	惣兵衛
21	〃	上田	1.0.26	助右衛門	惣兵衛
22	〃	上田	8.14	久兵衛	吉次郎
23	〃	上田	4.14	仁右衛門	彦兵衛
24	〃	中田	7.28	九郎右衛門	利右衛門
25	〃	中田	4.25	又右衛門	佐右衛門
26	六ノ坪	上田	1.1.21	源太夫	五兵衛
27	〃	上田	2.0.22	若太夫	久兵衛、嘉兵衛
28	〃	上田	8.28	仁右衛門	嘉兵衛、茂右衛門
29	〃	上田	8.25	仁右衛門	茂右衛門
30	〃	上田	1.0.02	仁右衛門	嘉兵衛
31	〃	上田	8.18	幸右衛門	嘉兵衛
32	〃	上田	6.29	五郎兵衛	嘉兵衛
33	〃	上田	4.10	市右衛門	六右衛門
34	〃	上田	9.21	吉兵衛	利右衛門
35	〃	上田	4.12	若太夫	四郎兵衛
36	〃	上田	5.02	左兵衛	四郎兵衛
37	七ノ坪	上田	1.0.01	仁助	藤一郎
38	〃	上田	1.0.22	吉兵衛	万治郎
39	〃	上田	8.25	又兵衛	喜兵衛
40	〃	上田	1.1.16	九郎右衛門	喜兵衛
41	〃	上田	3.16	仁右衛門	利右衛門
42	〃	上田	7.03	市右衛門	西教寺
43	〃	上田	7.25	次郎兵衛	利右衛門
44	〃	上田	8.10	弥左衛門	利右衛門
45	〃	上田	8.01	九兵衛	三右衛門
46	〃	上田	9.29	九兵衛	嘉兵衛
47	〃	上田	1.0.20	庄兵衛	治助
48	八ノ坪	上田	1.0.13	弥左衛門	三右衛門
49	〃	上田	4.10	弥左衛門	三右衛門
50	〃	上田	5.14	久左衛門	三右衛門
51	〃	中田	1.0.12	若太夫	満次郎
52	〃	上田	1.1.00	清蔵	藤右衛門
53	〃	中田	1.1.20	助右衛門	太次郎
54	〃	上田	1.2.22	孫四郎	嘉右衛門
55	〃	上田	1.0.15	九郎右衛門	藤右衛門、惣助
56	〃	上田	1.0.22	孫兵衛	惣助、惣四郎
57	〃	中田	9.11	八兵衛	西教寺
58	〃	上田	1.0.11	次郎兵衛	三右衛門
59	九ノ坪	中田	2.1.08	太兵衛	利右衛門
60	〃	上田	9.27	忠右衛門	利右衛門
61	〃	上田	1.0.05	次郎兵衛	六右衛門
62	〃	中田	9.29	次郎兵衛	六右衛門
63	〃	上田	8.22	五郎右衛門	幸助
64	〃	上田	9.00	仁右衛門	弥助
65	十ノ坪	上田	9.07	出作はかた村孫兵衛	藤右衛門
66	〃	中田	4.23	九兵衛	次郎兵衛
67	〃	中田	1.0.11	新右衛門	嘉兵衛
68	十六ノ坪	下田	1.15	新右衛門	次郎兵衛
69	〃	中田	8.28	出作はかた村理左衛門	六右衛門
70	〃	中田	8.22	源太夫	彦四郎、佐右衛門
71	〃	上田	1.0.27	半右衛門	嘉兵衛
72	伯太北口	上田	9.27	出作はかた村理左衛門	七郎右衛門
73	十六ノ坪	上田	1.0.10	吉兵衛	安右衛門、源次郎 市郎右衛門
74	十五ノ坪	中田	1.4.29	出作はかた村孫兵衛	喜八
75	〃	上畑	3.10	九郎右衛門	次郎兵衛
76	十七ノ坪	下田	7.06	吉兵衛	由右衛門
77	〃	中田	4.24	久兵衛	五兵衛
78	〃	中田	8.24	助右衛門	五兵衛
79	〃	下田	1.0.04	久左衛門	五兵衛、藤蔵、嘉兵衛 為五郎、佐兵衛
80	十八ノ坪	上田	1.6.11	新右衛門	茂右衛門
81	伯太北口	上畑	2.17	出作はかた村長左衛門	新助（14歩）
82	〃	上田	9.27	出作はかた村長左衛門	七郎右衛門

72番と82番は合わせて「9畝27歩」の記載と思われる。

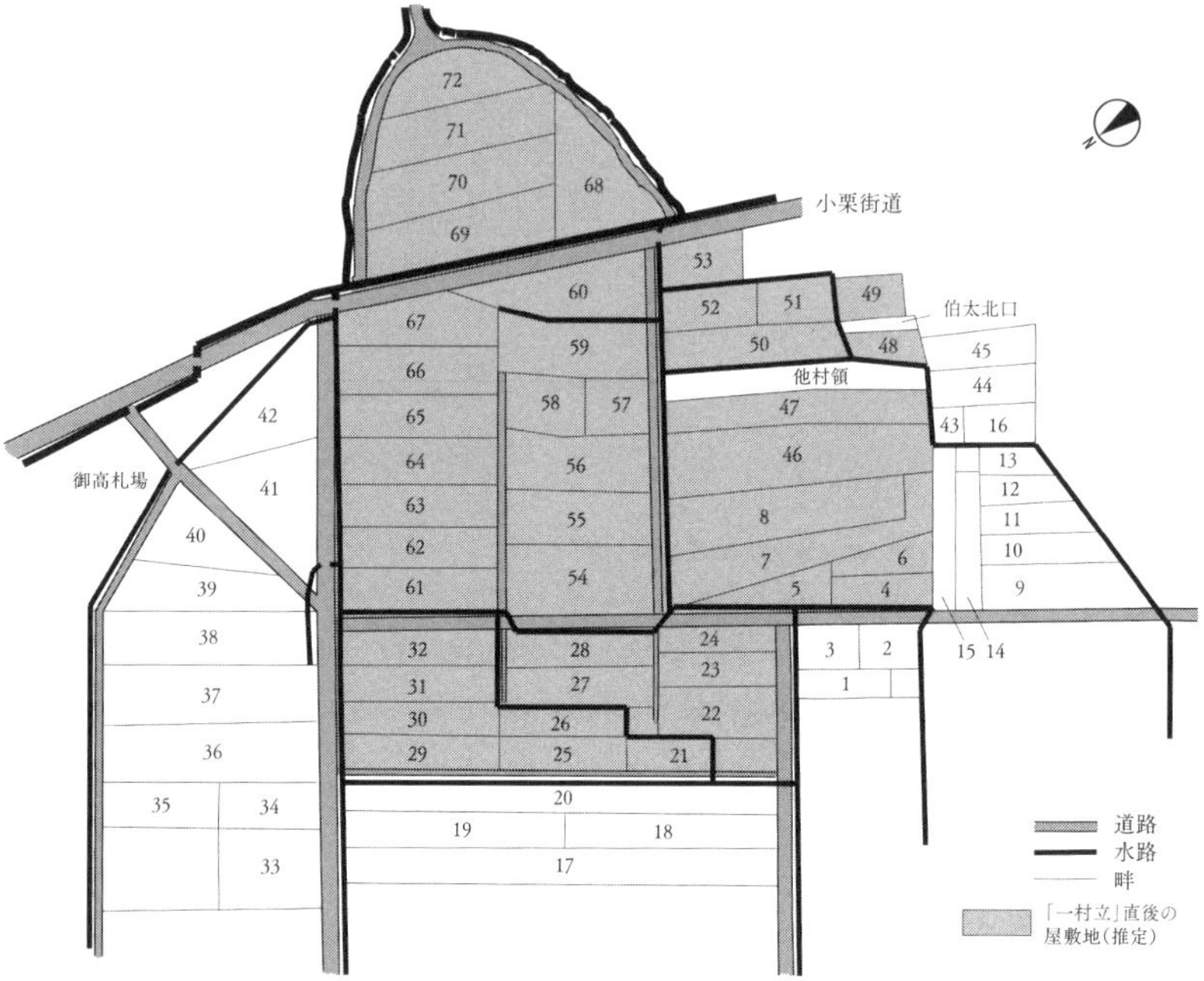

図13　寛政元年　屋舗絵図＊
（図の中の番号に対応するデータを、次ページの表6に示している）

＊『奥田家文書』第三巻、巻末付録の絵図を下図にし、それに「安政五年名寄帳」（表６）のデータの番号を入れた。

表6　屋舗絵図の名請と安政５年現在の所有者

番号	字	石盛	面積 反．畝．歩	名請（延宝検地）	安政五年名寄帳（屋敷地）
1	十六ノ坪	中田	3.15	長右衛門	治三郎、文治
2		中田	4.12	八兵衛	杢兵衛、文治、儀八
3		中田	4.00	助右衛門	嘉兵衛、儀助
4		上畑	1.06	五郎右衛門	元七
5		上畑	1.02	長右衛門	久兵衛
6		中田	7	徳右衛門	元七
7		中田	2.04	仁右衛門	弥右衛門、次郎右衛門、惣兵衛
8		中田	2.24	助右衛門	惣兵衛
9	十五ノ坪	中田	4.20	次郎兵衛	重助、次三郎、嘉兵衛、西教寺
10		上畑	18	作助	嘉兵衛
11		上畑	18	徳右衛門	次三郎
12		中田	1.14	久兵衛	重助、与惣次郎
13		上畑	1.04	仁右衛門	喜八
14		中田	1.24	九兵衛	長五郎
15		下田	1.27	作次郎	伊助、元七、丈右衛門、弥右衛門
16		中田	8	久兵衛	権次郎
17	十七ノ坪	中田	1.4.00	養三	新次郎、庄九郎、仁助、庄三郎
18		中田	3.27	弥左衛門	由右衛門、治助
19		上田	4.27	九兵衛	喜八
20		上田	9.10	久兵衛	由右衛門、捨松、丈助
21		中田	5.01	吉兵衛	次郎兵衛、弥次兵衛、喜八
22		中田	6.16	若太夫	太次郎、次郎兵衛、半六、西教寺
23		中田	3.12	作十郎	嘉兵衛
24		中田	1.02	久兵衛	嘉兵衛
25		中田	3.13	若太夫・仁助	庄三郎、嘉兵衛、西教寺
26		中田	2.14	又右衛門	西教寺、次郎兵衛
27		中田	3.15	若太夫	喜八、西教寺
28		中田	4.06	弥左衛門	西教寺
29		中田	1.21	仁助・若太夫	若太夫、仁助
30		中田	2.18	若太夫	儀助、太兵衛、次郎兵衛
31		中田	3.01	新右衛門	西教寺、彦四郎
32		中田	2.10	若太夫	三右衛門、利七
33	十八ノ坪	上田	1.4.23	源太夫	和三郎、由右衛門、重七
34		上田	7.10	八兵衛	孫三郎、治兵衛、佐右衛門、嘉兵衛
35		上田	8.14	仁右衛門	久七、嘉兵衛、由右衛門
36		上田	7.29	忠右衛門	弥助、惣助、満次郎、由右衛門、嘉兵衛
37		上田	9.01	五郎右衛門	作右衛門、六右衛門、惣助、与茂三郎
38		中田	9.08	仁助	庄三郎、茂右衛門、作右衛門、利右衛門
39		中田	8.24	太兵衛	西教寺、藤一郎、茂右衛門、利右衛門
40		下田	9.03	源太夫	茂右衛門、利右衛門、藤一郎
41		中田	6.18	五郎右衛門	吉右衛門、善六、嘉右衛門、喜八
42		下田	1.15	久右衛門	嘉右衛門
43	道ノはた	下田	2.13	次郎兵衛	喜八
44		下田	2.20	仁右衛門	喜八
45		下田	4.06	仁右衛門	喜八
46		下田	8.08	市右衛門	喜八、惣兵衛、由右衛門
47		中田	3.10	忠右衛門	六右衛門、惣兵衛
48		中田	1.29	市右衛門	喜八
49		中畑	1.25	源太夫	喜八、幸助、元七
50		下田	3.21	吉兵衛	新助、仁兵衛、幸助
51		中畑	1.02	孫兵衛	甚助
52		中田	1.26	源太夫	喜八、甚助
53		中畑	1.13	又右衛門	西教寺
54		中田	4.27	又兵衛	清五郎、三右衛門
55		下田	2.27	源太夫	喜八
56		中田	1.26	久左衛門	喜八、三右衛門
57		中田	27	弥左衛門	喜八
58		上畑	1.07	弥左衛門	喜八、三右衛門
59		下田	3.09	又右衛門	久兵衛、栄次郎
60		中畑	3.17	養三	栄次郎、久兵衛、林蔵
61		上畑	2.04	源太夫	伊助、四郎兵衛
62		上畑	2.07	次郎兵衛	武右衛門、四郎兵衛
63		上畑	1.03	久兵衛	嘉右衛門
64		上畑	1.03	又兵衛	嘉右衛門
65		上畑	1.18	太兵衛	久兵衛
66		中畑	1.26	三太郎	久兵衛
67		中畑	1.01	源太夫	嘉右衛門
68		中畑	1.22	久右衛門	幸助、甚助、喜八、由右衛門
69		中畑	2.14	仁右衛門	喜八
70		中畑	1.07	佐右衛門	権右衛門
71		中畑	1.10	太兵衛	権右衛門、甚助、幸右衛門
72		中畑	8	孫兵衛	権右衛門

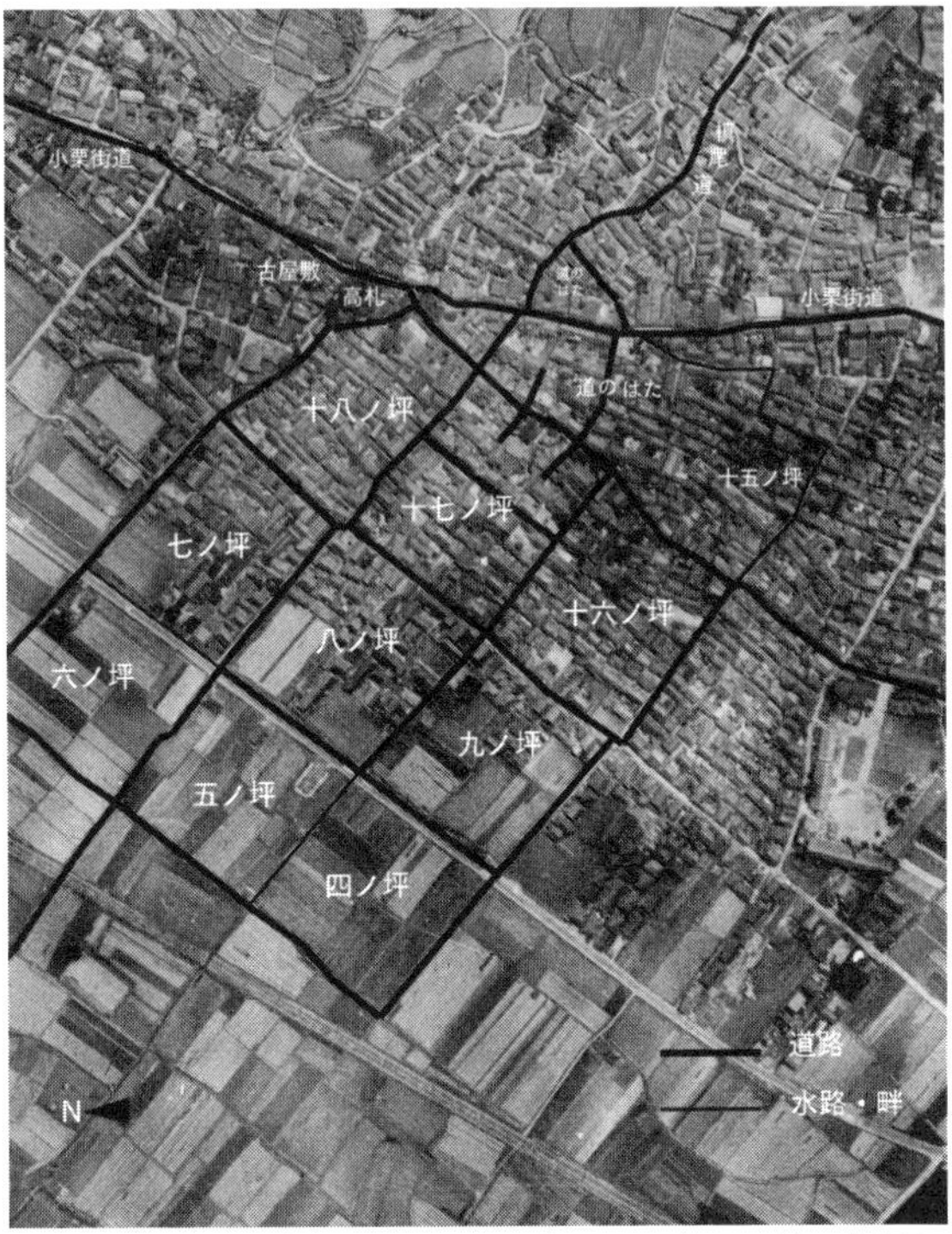

図14　空中写真（1946年米軍撮影）に見る南王子村の「碁盤」

ると思われ、延宝検地より後の開墾であるためか、データは記入されていない。小栗街道から東のこれらの箇所は、絵図にするにあたって、実際の大きさや距離関係は無視して、縮小して概念的に描かれている。

小栗街道の東の、地図では三角形の場所と、西から北に広がる碁盤の目の場所が、南王子村の屋敷地と農地である。屋敷地（寛政元年現在）については、図を灰色に色塗りをした。

一見して分かるように、極めて整然と秩序だった農村の構えとなっている。

屋敷地は、新村発足の元禄一一年（一六九八）当時で、家数三二軒、人口二〇三人、一軒あたりの平均屋敷地面積は約百坪であり、一五年後の正徳三年（一七一三）で、九四軒、四〇三人、平均推約定三四坪であるから、当時としては余裕のある屋敷地空間であったと言えよう。

なお、村領の南の方面では、図で分かるように、他村（伯太村）との間に、互いの入れ込みがあるが、これは開墾のいきさつに因ったものと思われる。この伯太村との間には、前述のように、王子村との間にあったような対立はほとんど記録されていない。それは、農業用水の樋権をめぐる対立や、神社の氏子村としての争い（伯太村は伯太神社の氏子村）が無かったことなどが要因であったと思われる。

屋敷地について

南王子村の屋敷地が、畑や水田として開墾されていた場所に、道や畔、土地の筆界に手を加えることなく形成され、このことが良かれ悪しかれ、この村落のそれ以後の基本的な構造を規定したことは、前述の通りである。

とは言っても、村の発足当初は、屋敷地の姿は、当時の他の農村集落に比べても何ら遜色のない姿をしていたであろうことも、前述の通りである。

寛政元年現在の「屋舗絵図」が図13に、その番号に対応するデータが表6に示されている。この図も前述のような理由により一部で大きさを変えて描かれているが、およそのところは、この通りの姿であったであろう。この図のうち、「一村立」当時の屋敷地と推定される場所を、灰色で色塗りした。これは正徳三年（一七一三）当時、敷地が一町七畝三歩であったとする記録[*]に基づき、その広さに該当するよう土地を推定し、色塗りしたものである。

村落空間の要素

それではここで、南王子村の空間を成り立たせている要素である街道、生活道路、王子川、共同施設（店、中風呂、職部屋、高札）について、その姿を概観しておきたい。住宅に関しては、第六章、第七章に詳しく述べるので、そちらに譲ることにする。西教寺については第六章で触れ、八坂神社については、『ある被差別部落の歴史』などの他書に詳しいので、ここでは割愛したい。

街道

この村の位置を、最も分かりやすく特徴づけているのは、小栗街道である（図2、図6、写真10）。この街道は村落の東側に沿い、「道の端」地区において村の一部を貫いて、村の中を「南北方向に長さ八〇間、幅六尺」[**]で通っている。

小栗街道は、説教節や浄瑠璃の「小栗判官」に由来する通称であり、正式名称は熊野街道である。平安時代中期から、貴族が熊野詣でをするための道として、京、大阪から

＊『奥田家文書』第一巻、一

＊＊『奥田家文書』第一巻、二一

写真10　現代の小栗街道　　（2009年2月撮影）

熊野三山まで整備されたという。その途中の道沿いに南王子村がある。「泉州地域にある九つの被差別部落は、熊野街道・紀州街道沿いにのみ存在し、山間部には存在しない」*ということである。

このように、いわば国土幹線に沿った形で南王子村があったということは、村の基幹産業である雪駄の流通面での有利さに加え、大阪や京都、江戸などの全国的な情報に、比較的早く触れながら村を運営していけるという利点があったと思われる。

域内幹線である槙尾道《まきおみち》**（図6〔四五ページ〕）は、山家道《やまがみち》***とも言われ、明治以降は槙尾街道****と呼ばれたらしい。この街道は南王子村から南東方向に延び、聖神社境内の南境界沿いを行き、伏屋村で横山道（父鬼《ちちおに》街道）に合流する。槙尾川沿いに槙尾山方面へ延びる道だから、この名が付いたのであろう。

槙尾道は、村民の燃料である薪を、村へ運搬するためにも使った道である。南王子村には「薪・秣取場これ無く候」「薪は道のり四里の槙尾山並びに横山谷より買い取り申し候」*****ということであった。村の近くには信太山丘陵があるので、薪や秣《まぐさ》******はそこから採れば良さそうなものだが、信太山丘陵への入会権（立木山や草山としての利用権）は信太

＊『被差別部落の民俗伝承』下巻、解放出版社、一九九四年、一九八
＊＊寛政元年御検地碁盤絵図・天保三年南王子村絵図：『奥田家文書』第二巻巻末附録
＊＊＊天保三年聖神社境内絵図：信太の森ふるさと館所蔵
＊＊＊＊『南王子村文書』第二巻、四一一など
＊＊＊＊＊『奥田家文書』第一巻、二〇
＊＊＊＊＊＊秣：牛馬の飼料の草

郷七ケ村等にはあったが南王子村にはなかった。* 従って「道のり四里」の遠方まで行って、求めざるをえなかったのである。

村はずれから槙尾道を少し行くと、道沿いに村の墓地（図6、図12〔九六ページ〕）がある。墓参、葬儀、法事などを通しても、この道は村人になじみの深い道であったに違いない。

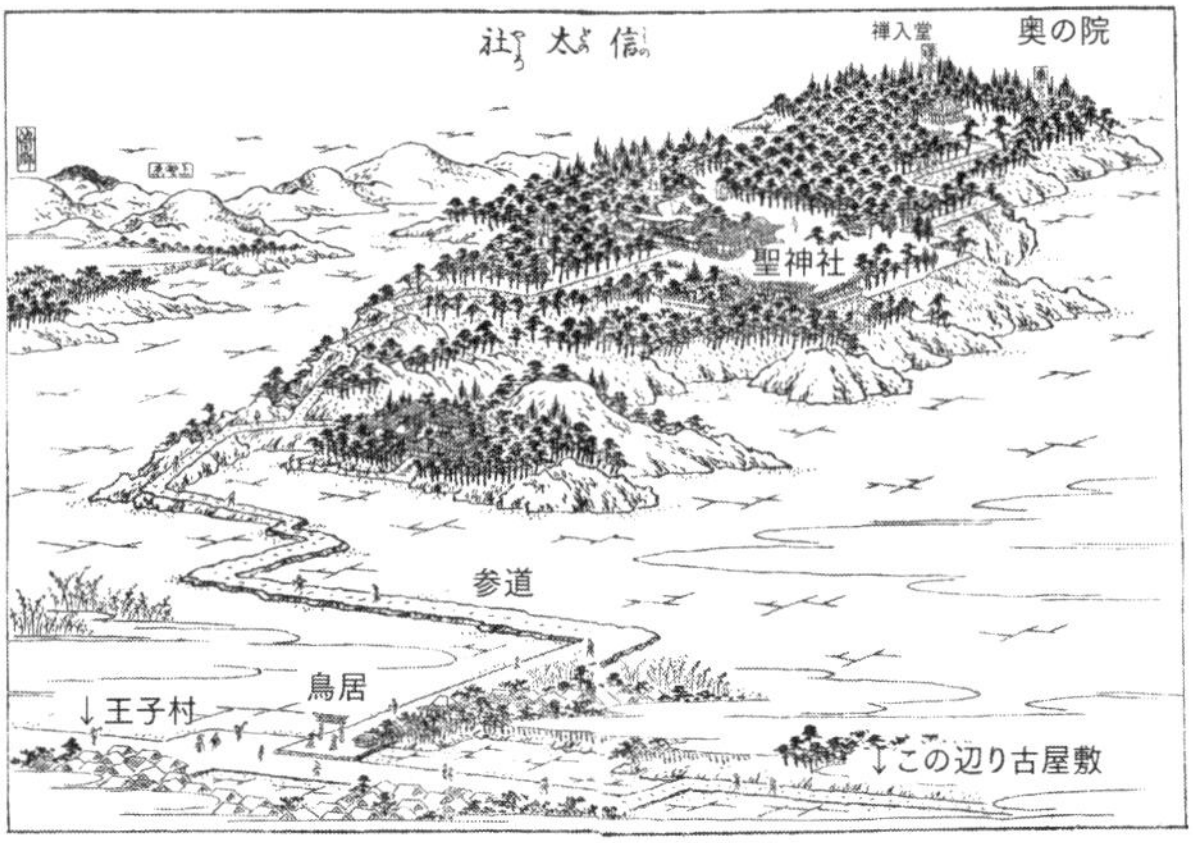

図15 『和泉名所図会***』の「信太社」（活字は筆者）

横山道は、聖神社境内の東境界沿いを南方向に、横山谷**方面へ行く道である。いつの頃からか、その中で一番南の奥にある父鬼《ちちおに》村の名を取り、父鬼街道（図2）と呼ばれ、現代もその名の街道となっている。この横山道は、南王子村からは離れた所を通っているので、村民の日常生活からは縁遠い道であったであろう。

村からは少し離れた所を通りながら村と縁のあったのが、街道ではないが、聖神社への参道である（図15、写真11）。「どうけが原」の集落はこの参道のすぐ近くにあったので、そこの住人すなわち南王子村の祖先たちは、参道の手入

*『和泉市の歴史4』一六九
**古代に横山郷、中世に横山荘、太閤検地に横山谷の地名があるという。『角川日本地名大辞典』二七、大阪府、一九八三年、一二四九
***秋里籬島・著、竹原春朝斎・画、寛政八年（一七九六）

写真11　現代の鳥居と参道（手前が聖神社方面）
（2012年10月撮影）

れや清掃にも日常的に携わっていたことであろう。しかし、江戸時代後半以降、南王子村を聖神社の維持や祭事から排除する動きが強まったようである。明治以降の話になろうが、祭の時、村民は神輿に近寄ることが拒まれたり、鳥居から参道へ地車《だんじり》を入れることを許されなかったり、の差別を受けることもあったという*。

生活道路

八坂神社（江戸時代は牛頭天王《ごずてんのう》社）や高札の所で小栗街道から分かれ、村の中を南へ抜けてゆく道が、南王子村のメインストリートである。ここは江戸時代には「中道《なかみち》」と呼ばれていたらしい**（図16〔一三三ページ〕参照）。この「中道」沿いには、牛頭天王社、高札、西教寺があり、後述の風呂屋や様々な店なども立地して、一定の賑わいがあったであろう。

そして南王子村の村落空間を大きく特徴づけているのが、いつの頃からか「あわえこそ」と呼ばれるようになった「軒と軒を接する暗い路地」***である。「陽もささぬこの細道」が「迷路のように続いていた」****。

＊『ある被差別部落の歴史』一九五、『被差別部落の民俗伝承』下巻、解放出版社、三四五
＊＊『奥田家文書』第六巻、四一八。「享保十六年…中道より東不残出火」の文章がある。
＊＊＊『被差別部落の民俗伝承』上巻、二八
＊＊＊＊同下巻、二七〇

こうした路地は、前述のようなこの村落の基盤となる畦道と、密度高くできた小住宅の家と家の間を「日に十人でも通ったら…自然にそういう道ができていく」*といった自然発生的な道との、両方が組み合わさってできたものであろう。

堺ではこうした路地を「はんらく」と呼んでいたそうなので、**「あわえこそ」は、南王子村独自の呼称なのであろう。徳島県美波町日和佐《ひわさ》の「車が通れない狭い路地が入り組んだ街並み」のことを、今でも「あわえ」と言うそうである。***よく似ていることからして、何らかの言葉の交流があったのかもしれない。

こうした「アワエコソの突き当たりに、共同便所がある。便所と隣り合わせて、共同井戸のある所もあった。一九五七～八年ころまで、平均一五軒に一カ所くらいの共同井戸があった」****という。江戸時代も同じような状況であったと思われる。

王子川

南王子村は惣ノ池と王子川に、農業、皮革生産、生活用水のほとんどを頼っていた。いわば村民の命の水である。惣ノ池については、前に述べた通りであるので、ここでは王子川について触れたい。

王子川の呼称は、『奥田家文書』や『南王子村文書』には、そうした地名は出てこないことから、*****江戸時代から明治初期にかけての時期までは、使われていなかったらしい。

＊同下巻、二七〇
＊＊同下巻、二八
＊＊＊ http://www.shikoku.gr.jp/spot/894（二〇一五年八月現在）
＊＊＊＊『被差別部落の民俗伝承』下巻、二七〇
＊＊＊＊＊『大阪府南王子村文書・奥田家文書 総目次・索引』比叡書房、一九八二年の「地名」の欄に王子川の項目がない。

天保三年（一八三二）の「南王子村絵図」では、惣ノ池・今池の下の「分水」の所から、北に流れる水路を「王子村溝」、西に流れる水路、すなわち王子川を「南王子村溝」と記述している。また寛保元年（一七四一）の南王子村の「明細張」には次のように記されている。*

惣之池の用水の溝筋は、幅三尺・深さ三尺（九〇cm×九〇cm）のものが私どもの村方まで長さ六丁（六六〇mほど）で通っています。村で溝は南北に分かれ、この両方の溝で一四町三反余の井路（田畑や屋敷）を潤しています。

写真12　王子川上流（奥の方に惣ノ池）
（2009年2月撮影）

写真13　王子川中流（永尾神社横）
（2013年10月撮影）

＊『奥田家文書』第一巻、六

このように王子川は当時、あくまでも「溝」と呼ばれていた。この「南王子村溝」が、いつの頃から「王子川」と呼ばれるようになったかは、定かでない。

「一四町三反余の井路を潤してい」たということであるが、南王子村の広さは田畑と屋敷地を合わせて約一〇町（九町九反三畝*）であるから、村より上流や下流の田畑などにも「王子川」の供給した用水があったということを言っているのであろう。

写真14　王子川中流（八坂神社横）
（2009年2月撮影）

現在の王子川は、周辺の環境も川の姿も、昔からは大きく変わってしまったが、惣ノ池の下部の丘陵の麓（写真12）、小栗街道の東の旧「道ノ端」地区（写真13）、八坂神社沿い（写真14）などで確かめることができる。

店

幕末が間近い天保から嘉永にかけての頃、南王子村における店の数は、後に述べるように二〇軒から二五軒ほどであった。当時の村の戸数は三〇〇戸前後であったから、**およそ一五戸に一軒の割合で店があった勘定になる。農村部であることを考えると、かな

*『奥田家文書』第一巻、二三
**天保一四年で三二二戸、『奥田家文書』第三巻、一九九

りの数であると言えよう。

このことは、南王子村が幕末期には都市的村落の状況にあったことに加え、その生活において活発な消費活動が行われており、その背景には、雪駄産業等による日銭的な現金収入が、多くの村民にあったことを示している。

文化・文政から天保の頃は、貨幣経済の発達に伴う金融資本家が台頭する一方で、「天保の改革」に見られるように、財政逼迫の下、幕府も諸藩も、奢侈禁止、倹約奨励を推進する時代でもあった。南王子村においても、一方では五兵衛らの富農・地主が絶頂期にあると同時に、西教寺の修理や年貢負担などで村の財政が逼迫し、それへの対応が求められる状況にあった。次の二つの文書が、こうした背景の中で出された。

一つは「村方改革仕法申合」と仮題が付けられた文書である。*『奥田家文書』ではこれを「年月未詳」としているが、この文書の冒頭に「村方惣人別合千七百八拾人」と村の人口が記してあることから、これは天保年間のものであることが分かる。

南王子村の人口は宗門改帳によると、天保大飢饉の始期の天保四年（一八三三）の一八一〇人のピークから、終期である天保一〇年（一八三九）の一四二五人にまで減少している（図9〔七一ページ〕）。だからこの文書は、ピーク前の天保三年か、またはピーク後の天保七年に書かれたものとなる。すなわち、どちらとしても天保年間である。

当村内にて諸品を売買している店は二〇軒あります。これまで諸品を自由に売っ

＊『奥田家文書』第四巻、六〇〇

ていましたが、このたび申し合わせて、今後売買を差し止める品を左の通りにしました。

四季のくだもの、うどん、そば、菓子類、子供がもて遊ぶ人形類、煮物類

店により扱う品物は違っていたであろうが、貨幣経済の発達の中で、うどん、そば、菓子類、煮物類といった「加工食品」が村内に出回っていたことが、この文書で分かる。後述のように糯《もち》屋、酒屋もあり、果物も売られていたということだから、村の食文化は、普通の農村とは違った都市的な様相を呈していたのである。加えて、子供の人形類を扱う店もあったのだから、これらの品物を求めて、時には後述の「他村の人々」もこれらの店を訪れていたであろう。

もう一つの文書は「村方借財返済方仕法」の仮題の「嘉永二年か」と推定されている文書である。* 嘉永二年（一八四九）はペリー来航を四年後に控え、幕末間近の頃である。天保の大飢饉も去り、村内人口も一七九三人にまで回復してきている。**

文書を『奥田家文書』にあるままで示す。

商人売買くさ物・にたき物差止メ候儀ニ付、見せや凡廿五軒として…

「くさ物」とあるのは、活字化にあたって、原文（筆字）の「多」のくずし字を「さ」と読み間違えたものと思われる。正しくは「くた物」（くだ物）であろう。

天保年間の「申し合わせ」に比べると、「差し止め」の品が随分少なくなっている。

＊『奥田家文書』第六巻、八九
＊＊『奥田家文書』第三巻、四三一

十余年の時を経て、あるいは村の財政事情の変化からか「うどん、そば、菓子類、人形類」は店に並べられる品物として復活したのであろうか。店数も二五軒ほどに増えたようである。

店の種類は以上のことから考えると、江戸時代後期には次のようなものがあったであろう。食料品店（うどん、そば、果物、煮物）、駄菓子店、酒店、糯店、玩具店、古着屋[*]、燃料店[**]など。

これら二〇軒から二五軒の店は、村民相手の商いということを考えると、その多くが前述の「中道」沿いか、その近辺に立地していたものと思われる。

中風呂──成立まで

南王子村の共同施設の大きな特徴は、これら多数の店を村内に構えていたことのほかに、村が経営に関与する風呂─共同浴場を保有していたことにある。この共同浴場は、文政から天保の頃に始まり、明治、大正、昭和、そして現在に至るまでの約二八〇年の間、連綿とその歴史を継続してきている。

村が経営に関与する風呂ができる前に、村には民間の「商売風呂屋」[***]というものがあり、ずいぶん繁盛していたようである。文政一〇年（一八二七）にはそうした風呂が四軒あり、それを村が財政改革のために買い上げて、「中風呂」と称した。[****]

＊後述の風呂屋での盗品衣類の売払先として古着屋があったのであろうと思われる。
＊＊前述の槙尾道を使っての薪を扱う燃料店があったと思われる。
＊＊＊『奥田家文書』第五巻、二二六
＊＊＊＊中風呂に関しては『和泉市の歴史4』三一三でも触れられている。

次の文書が残っている。*

中風呂取立てについて。商売にしている風呂がこれまで四軒ありましたが、これを残らず買取り、一軒につき銭十貫文ずつ渡します。この六月中の利益は許しますが、閏六月より毎月廿八日に入札之表（入札の通りという意味か）、十三貫二百文ずつ受け取り申すべきこととします。

この中風呂の件については、銀主（出資者）四軒から四十貫文借用し、四人の風呂屋に渡します。その返済は、右の毎月の利益にて月々返済します。

この銀主には、五兵衛、喜八、嘉兵衛、惣兵衛という、当時の村内の富農、金融資本家的な家が名を連ねている。そして風呂屋四軒、藤兵衛、作右衛門、惣五郎、喜七のそれぞれが「風呂を村中が買取る代金をたしかに受け取り、今後、違乱や妨げを申すことはございません」という念書を書き、その印が押されている。

すなわち、民間の風呂屋四軒を村の管理下に移し、その代金（礼金的なものであろう）として銭十貫（現在高にして二〇万円ほど**）ずつを四人に支払う。運営はそのまま四人が引き継ぎ、その利益の一部を村に支払い、それを銀主からの借金や村の借金の返済にあてる、という仕組みなのであろう。

文書ではこれに続いて「積立金請取覚」という項を立て、毎月二八日付けで、各人の名前と金額などが、文政一三年一二月まで書かれている。この「積立金請取覚」は村方

* 『奥田家文書』第一二巻、六二七
** 一両＝銭四貫を八万円ほどとした。現在高への換算は難しいとされている。

が受け取った金額などであろうが、その内容は筆者が理解できないところであった。

また「十三貫二百文ずつ」（現在高にして二六万円ほど）を各々の風呂屋が毎月村方に納めるというのは、少し法外な値段の感じがするが、後述の伝蔵の入札額からすると、それもあるのかと思う。それほどにそれまでの商売風呂屋は繁盛していたのであろう。いずれにしてもこれらの措置は、村の財政の立て直しには役だったようである。逆に、それまで民営で繁盛していたであろう四軒の風呂屋にとっては、「今後、違乱や妨げを申すことはございません」という念書があることからして、かなり不承不承のことであったに違いない。

この「中風呂」化の措置の後も、民間が「非公認」の風呂屋を運営することはあったようで、文政一一年（一八二八）の「村方仕法取極り連印帳」の中に、次の一項が加えられている[*]。

一、中風呂のほかは、勝手にて薬湯などと名付けた居風呂を立て、隣家や付き合いの者に入らせることは、決してしてはならない。もちろん入札のうえ中風呂を焚く者は、商売であるので、できるかぎり諸色に心を配り、しっかりと繁盛するように心掛けるべき事。

先に述べたように、このころ村は財政的に逼迫しており、借金の返済に苦慮していた。そこで、この「中風呂」化の措置に続いて四年後、さらに考え出されたのが「株立

＊『奥田家文書』第一五巻、三三六

て」という方法のようである。村内にあったこの四軒の風呂屋と、糯《もち》屋、酒屋について、その数をさらに限定し、それに株立てをして村益を産み出し、返済にあてるという策であった。

『奥田家文書』に、該当する二つの文書を見てみる。

天保二年（一八三一）二月「恐れ乍ら書付を以てお願い申上げ奉り候*」

…右御銀の返上について一同相談の上、村益として風呂屋、糯屋、酒屋が数多あるところを三軒に定めて村益を積み立て、毎月二八日に諸入銭を取り集める儀は…

同六月「恐れ乍ら書付を以て奉り申上げ候**」

…右拝借金の返上方の儀は、ご同人様へお窺い奉り申上げ、村方の仕法立てを以て、風呂屋、糯屋、酒屋の類、村元にて数多あるところを三、四軒に取り縮め、この三、四軒の株より村益を積み立てる儀は、村中一同承知し、連印一札などを仕置きました。

両文書とも、この文章の後は、その策が上手くいっていないことを述べている。時あたかも南王子村は、庄屋方と小前方が「大入縺れ***」と言われる激しい抗争を繰り広げている最中であり、風呂屋の出発も、三軒にするとか二軒とか、その荒波に揉まれていたようである。

そうした困難にも関わらず、村中の風呂屋の改革は、次の文書に示すようにそれなり

＊『奥田家文書』第五巻、二九八
＊＊『奥田家文書』第六巻、三三七
＊＊＊『ある被差別部落の歴史』一四八

に決着がついてきたようである。

天保三年「乍恐口上」*

一、銀弐百五拾匁　これは風呂四軒のところ二軒に取り縮めるために、新たに建物二つ、湯射（湯沸器のことと思われる）一つを取りそろえるのに、多額の入用がありました。

結局風呂屋の数は二軒にまとめられたのであろう。これらの風呂屋は、村が株立てをして村民二人に運営を委託し、その利益の一部を積み立てていったのであろう。

中風呂二――建屋

それでは、当時の風呂とはどのようなものであったであろうか。その姿をおおよそ推定できる文書として、慶応二年（一八六六）と時期は若干下るが、次の質物証文が残されている。**

差入申質物証文之事

一、間口八尺九寸・奥行八尺五寸　居風呂一ケ所　但し戸四枚付

ほかに太鼓釜一ッ　目方は九貫八百目、長さ二尺五寸、箱三尺四方

右の居風呂を、来る辰年六月を切（期限）として質物に差入れ、銀二貫四百目借用したく申し出て、奥印した文面を残します。但し利息は一年に四〇匁ずつの相対

＊『奥田家文書』第六巻、三六八
＊＊『奥田家文書』第一二巻、八〇

とします。

慶応二寅年六月

質物主　長　八　㊞

この文書に出てくる居風呂《すえぶろ》とは、据風呂とも書き、作り付けでなく移動できる一人用の浴槽のことである。[*] 江戸時代初期にすでにあり、中期からは上方で家庭用として普及し、銭湯用としても広がったという。[**] これが南王子村にも伝わり、江戸時代後期には、村の人口の多さという背景もあって「商売風呂屋」が成立していたのであろう。

この文書を見ると、そうした浴槽の形式である「居風呂」という言葉が、それを置いてある建屋のことを含めて使われているようである。その建屋は、間口八尺九寸（約二m八三cm）奥行八尺五寸（約二m七〇cm）で、戸（おそらく引き戸）が四枚付いているという。

釜は「太鼓釜」で、重さは九貫八百目（約三七kg）、長さは二尺五寸（約八〇cm）。次の「箱三尺四方」は、釜の箱かとも思ったが、釜を収納するには少し立派な気もする。居風呂の浴槽は当時「丸い風呂桶」[***]が一般的なようではあるが、この「箱」は、もしかすると浴槽のことかもしれない。

いずれにしても、入浴客は湯銭を支払って建屋に入り、おそらく壁面の棚に脱衣した衣類を置き（床に置くと飛び散った湯で濡れる）、隅にある浴槽の湯を使って体を洗ったのであろう。浴槽内に身を浸したのかどうかは分からない。蒸気浴（サウナ）形式では

*大場修『風呂のはなし』鹿島出版会、一九八六年、七三
**筒井功『風呂と日本人』文春新書、二〇〇八年、一九九
***筒井功、前掲書、一九七

なかったと思われる。戸が四枚もあれば、そこから蒸気が逃げてしまうからである。床は板張りなのか、石などを貼ったものなのか、判然としない。

村内の居風呂の建屋の規模は、後述の文書に出てくる二つが、間口九尺×奥行七尺、あるいは間口八尺×奥行五尺であるから、それにこれを加えた三つを平均すると、間口が三m弱、奥行が二m前後、といったところである。

中風呂 三――運営

中風呂の運営の様子を窺うことのできる文書が、二つ残っている。風呂主の伝蔵が「村中へ」提出した「差入申一札之事」という安政元年（一八五四）のものと、*同じく「風呂屋主藤兵衛」が「村方へ」提出した、文久元年（一八六一）の同名のものである。**

この二つの文書は内容が似通っているので、前に提出された伝蔵のもの（伝蔵一札と略す）を挙げつつ、後者（藤兵衛一札と略す）との違いを補足する形で紹介することにする。

差入申一札之事

一、兜風呂、但し間口九尺・奥行七尺に仕立ててあります。

（藤兵衛一札は、居風呂、間口八尺・奥行五尺。兜風呂の意味は不明。）

一、湯水は十分に多くして、良い湯加減に致します。

＊『奥田家文書』第四巻、五八六
＊＊『奥田家文書』第一五巻、一一四〇

一、他村の人々も入り込みますので、掃除等を綺麗に致します。

一、多人数が入り込みますので、衣類等に十分に心掛け、紛失物が無いように心掛けます。万一失せ物があった場合には、共々（一緒に）穿鑿致します。

一、盥湯は表向き（原則として）してはならない筈ですが、夏分には兎も角（とはいへ）致すことにします（藤兵衛一札では、筈ですが以降は書かれていない）。

一、多人数なので、女子供は政道が出来難いので（正しく判断できないので）、主たる者（藤兵衛一札では確かなる者）が銭取場にいて、何事も心掛けます。

一、柴小屋、屋根葺は風呂屋の方で致します。もっとも年切の節に（契約期限が終わる時）屋根を葺く間合い（期間）が無くても故障（異議）は申しません。壁ぬりについては、村方がやってくださる筈です（この項全体は藤兵衛一札には無い）。

一、年季（契約期間）は三年です（藤兵衛一札では六年）。もちろん期限が来た場合には入札に参加します（もちろん以降は藤兵衛一札には無い）。

一、右の条項を守らず、村方の気に入らなくなった節には、年季中であっても、異議を申さず村方へ差し戻しいたします（この項全体が藤兵衛一札には無い）。

一、年季の内に引合いが無く断絶の場合には、一ケ月の積銭（藤兵衛一札では益銭）を余計に差し出します。

右の条項の趣旨を良く議論し、きっと守ることを申合せ、一同承知の上、会所において村役人、組頭、小前が立ち会って入札したところ、一ケ月に銭一九貫一二〇文で（藤兵衛一札では銭七貫五一六文）私が落札しましたので、向後、前書の条項の趣を、一点限り（一つひとつの条項についての意か）承知の上、必ず守ります。（藤兵衛一札では続いて、益銭が一ケ月でも差し障りがあったら年季中でも風呂株村方へ必ず差出し、年季明けの改替の時にも、村方へ損難など一切申しません、ということが加わっている）。

よってこれを一札に、件の如く書き入れます。

安政元寅年一二月　　　　村中江　　伝　蔵㊞

この文書から、南王子村の風呂屋を、「他村の人々」も利用していることが分かる。「他村」とは、近隣の村のことであるのか、あるいは他のかわた村からの奉公人等のことを指すのか、あるいはその両方かは分からない。しかし、「掃除等を綺麗に致します」ということから、おそらく近隣の村の人々も利用したのではなかろうか。

また、文書の中で注意喚起している衣類の盗難は現にあったようで、明治二年（一八六九）に「亀吉女房おつる」が「小立半天、紺手ほそ綿入しばん（襦袢）、まへだれ、ゆまき」のそれぞれ一点を、「村内風呂屋の藤四郎風呂場ニおゐて盗み取り」「村内奥右衛門女房ゆみ」へ売り払ったという記録が残っている。*

落札した伝蔵はその後経営が思わしくなかったのか、三年後の安政四年（一八五七）

*『奥田家文書』第七巻、六八二

閏五月に、庄屋、年寄、組頭、西教寺檀家世話方の連名により、川口御役所あてに、次のように訴えられている。*

乍恐以書付御願奉申上候

一、当村西教寺仕法の積立銀の儀に付き……村役人・組頭一同立ち会って、月々の過上銀一点掛り帳面と引き合わせ、点検してみました。そうしたところ右の仕法積立銀のうち不納の分がありましたので、去る一一日、一二日の両日、村役人・組頭一同が立ち会ってそれぞれ取立てた所、ほかの口は取立てましたが、伝蔵風呂益の三カ月分、銭五七貫三六〇文が滞っていたので、段々に引合（交渉）しましたが、何かと自儘を申し募り、出銀致しません。

あまつさえ西教寺の貸家、風呂焼（焚）納屋の明渡しもしませんので、村中の取締りにも響き、以前に取立てに応じた者たちも、伝蔵益銀が延引になるのなら、私共も延引してくれ等と申立て、今後の極り方に大いに差し障ります。……

この嘆願書の後、庄屋などは伝蔵を召し連れ、川口役所へ出向いたようである。** その結果を示す文書は見当たらないが、明け渡しや滞納金支払いを求める何らかの沙汰があったものと思われる。

それにしても、自ら落札したこととはいえ、一カ月に銭一九貫一二〇文（現在高にして三八万円ほど）を村方に納めるのは、伝蔵も大変なことであったであろう。

*『奥田家文書』第一四巻、一〇九七
**前掲書、一〇九六

こうしたことがあった所為もあろうが、それから四年後の藤兵衛一札では、落札額が一カ月に銭七貫五一六文になっている。この間万延小判への改鋳があり、貨幣価値が大幅に下落しているので、これは現在高にして四万円ほどに相当する。建屋や設備を藤兵衛が負担するかどうかにもよるが、益銭納入はずいぶん楽になったと見てよいであろう。なお「西教寺仕法の積立銀」とか「檀家世話方」に見るように、村の益銭管理の一部は、西教寺やその檀家が担当していたようである。

また「西教寺の貸家、風呂焚納屋」という記述から、二軒と推定される風呂屋のうち一軒は、寺に近接した西教寺所有の貸家を建屋にして、それに風呂焚納屋が付属したものであったことを窺い知ることができる。西教寺に近接し、寺がなかば経営に関わる中風呂、共有風呂という形態は、その後近年に至るまでずっと続いてきたようである。

職部屋

村の共同施設というわけではないが、村内で雪踏生産を主導する者が、村人を集めて雪踏づくりの作業にあたらせる部屋があった。その者の敷地にあるその部屋を「職部屋」と呼んでいた。このことについて、ここで述べておきたい。

職部屋があったことを示す史料のひとつは、その部屋に文政一一年（一八二八）四月に盗人が入り、しかもそれが三人の生産者について連続して発生した、その届けの文書である。*

盗まれた生産者は、五兵衛（三代目）、久兵衛、喜八という、村内でも代表的な農家であり、盗まれた物は、高級な雪踏や反物の類である。中でも、量質ともに抜きん出て多い五兵衛について次に述べる。

乍恐以書付御届ケ奉申上候　　泉州泉郡　南王子村　持高十石八斗七升　五兵衛

当子年五一才　家内一一人暮し

一、私は、居宅続きの職部屋にて雪踏職をしています。追々仕入置き、今月二三日に御当所の問屋に差し出し申すべく積りにて、仕入置いた品々を積荷していた所、左記のように紛失しており、すべて盗み取られたと存じます。毎夜戸締りをし、朝々に入口を明け、雪踏類は追々積込み置きますので、盗み取られた日限等も分らず、三月三日より今月二三日までの間のことと存じます。

これに続いて、盗品のリストが次のように書きあげられている。／は改行を示す。

茶ふすべ革花緒男雪踏　四五足／　朱革花緒男子供雪踏　二八足／　印伝色革花緒男雪踏　三〇足／　黒天鵞絨（ビロード）一筋花緒女重雪踏　一〇足／　茶ふすべ革花緒女雪踏　四足／　紺浅黄木綿立縞男反物　一ッ／　地白紺茶立筋縞小倉男帯　一ッ／　丹波布五布風呂敷　一ッ／　但し∧五印付　／　……

＊『奥田家文書』第五巻、一五九〜一六二

盗み取られた物は、さまざまな種類の高級雪踏を計一一七足、高級な反物、帯、風呂敷をそれぞれ一つずつである。「仕入置いた品々を積荷していた所、紛失」に気がついたということ、ひと月半も紛失に気がつかなかったということから、盗まれた物以外にも部屋には、かなり多くの製品が置いてあったと考えられる。

「職」とは、「職人」という言葉に見られるように、当時は「技術」を指していたと思われるので、「職部屋」とは「技術作業の部屋」というほどの意味であろう。その技術部屋に「仕入置」くというのは従って、「作り置いた」ということを含むのであろう。

この五兵衛の職部屋では、雪踏製造の最終段階の鼻緒立て、それも鹿革などの高級な鼻緒を立てる作業や、裏革の縫い付け、といったあたりを行っていたと思われる。そして製品を検査したあと「〈五」という「小間物屋五兵衛」の商標印、ブランドマークを押したのである。そうした作業をする熟練の職人たち、これはほとんどが男性と思われるが、彼らが黙々と働く空間であったのであろう。

こうしたことから五兵衛の職部屋は、収納と作業の空間を含めて、たとえば最低で梁間四間・桁行二間ほどの広さはあり、村内最大の職部屋であったと思われる。これに続いて久兵衛、喜八らの職部屋があり、小さい物は次に述べる規模のものまで、村内には多くの職部屋があった。

その小さな職部屋は、慶応、明治期の「質物証文」の存在によって知ることができる。

『奥田家文書』では、明確に職部屋と確認できる建屋を質物にした「証文」を、三つ掲載している。* それらはすべて瓦葺で、梁間・桁行の大きさはそれぞれ、一間半・一間半、一間・二間、一間半・一間半である。

これほどの小さな部屋となると、そこでの作業は雪踏表づくりに限られてくるであろう。表づくりは女性の仕事とされていたので、この部屋では、数人の女性職人が昼間、世間話をしながら、芯の藁縄と竹皮とで、器用に丁寧に編んでいたことであろう。

高札と高札場

高札は幕府や諸藩が法令を周知するために、その内容を板に墨書したものである。通常は小屋根が掛けられ、雨から墨書を簡易に守っている。高札の維持管理には、幕府、諸藩の役職である高札番があたるとされ、住民がこれに触れたり毀損することは厳しく制限された。

このように、幕府や藩がその方針を徹底するために、あるいはその権威を示すために高札は機能したが、村にとっては、一村立の村であることを視覚的に明示できる象徴的な存在でもあった。とくに、前述のような経緯で一村立、挙村移転を果たした南王子村にとっては、高札を持つことは大きな喜びであり誇りであった。つぎの文書にそのことが表れている。

＊『奥田家文書』第一二巻、六八、一六四、二一四

「天保九年 村方取締連印帳」より＊

下賤な村方とは申しながら、ほかの類村とは違い、御高（年貢免除でなく村高がある）・御高札などまで頂戴奉っている村方の儀に付き…。

「弘化三年 村方申合連印帳」より＊＊

当村の儀は、ほかの類村とは違い、御高札なども頂戴たてまつり、百姓第一の村方に付き、村格などもよろしく…

南王子村における高札の内容が分かる文書が、二つの「明細帳」として残されている。そのうち、より詳しく分かる文書は「天保二年明細帳」である。＊＊＊それによると、「御高札三枚」が掛けられており、その中身は「火付之御制札」「切支丹之御制札」「徒党越（訴の制札）」である。「瓦葺」の「覆（屋根）」があり、その大きさは「三尺・五尺五寸」とある。

この高札の置かれた場所は一般には高札場《こうさつば》と呼ばれた。農村部では普通、村の入口や庄屋家の敷地の道沿いなどがそれに当てられたという。

南王子村の高札場の位置は、寛政元年（一七八九）の「御検地碁盤絵図」（図12）と「屋舗絵図」（図13）で知ることができる。前者では「御高札」、後者では「御高札場」と記されており、小栗街道沿いの、村の北入口に当たる場所である。この場所に高札場を建てる際には、当初はおそらく、この広場の中ほどに建てたのであろう。

＊『奥田家文書』第一五巻、三六五
＊＊『奥田家文書』第一五巻、四三七
＊＊＊『奥田家文書』第一巻、二四

それを、この広場に牛頭天王社《ごずてんのうしゃ》（のちの八坂神社）を創建する際、すなわち文政九年（一八二六）の頃、広場の端の小栗街道に面した場所に移したと思われる。それは現在、再建された高札（写真15）のある場所であろう。

ところで南王子村の高札場は、挙村移転の当初から「屋舗絵図」における「御高札場」の位置、すなわち現在の八坂神社の位置にあったかというと、そうではないようである。というのは、年月未詳の仮題「先祖勤行書上」という文書《もんじょ》に、次の文章が残されているからである。＊

当村の御高札の儀は、往古より私が所持の屋敷にまかり有り候。

この文書は、内容からして文政八年（一八二五）前後に書かれたもので、庄屋の利右衛門が残したものである。この文政の頃は、高札場は「屋舗絵図」に描かれた「御高札場」の場所にあるはずだから、「私が所持の屋敷にまかり有り」というのはおかしい。おそらく「往古より」あったが移設されてしまった口惜しさ、ないし老耄から、「往古より」あったのだと書い

写真15　再建された高札（手前の建屋、左奥は八坂神社境内）（2009年2月撮影）

＊『奥田家文書』第一五巻、一一四五

たのであろう。

庄屋利右衛門はこの「先祖勤行書上」を書く頃、病気や引退、相続問題で相当に憔悴し、「日夜やつれ相嘆き候段、嘆かわしく奉り存じ候」といった状態であった。この「往古より」にも、そうした状態が反映していると見ることができよう。

推測するところ南王子村の高札場は、以前は庄屋家の敷地に、道路に面して設置されていたのであろう。それが寛延二年（一七四九）の「庄屋二人制」への移行[*]に伴って、年ごとに交替する庄屋家の、その前面に年ごとに高札場を移すわけにもいかず、村の共同・共有の場所の一カ所に高札場を固定した。そうした経緯があったのであろうと思われる。

その共同・共有の場所として、村の北の入口で「古屋敷」の手前、小栗街道沿いにある場所、のちの八坂神社の場所が選ばれたのであろう。ここは当時、地形からして、惣ノ池からの溝（王子川）の通過する低湿地であったと思われる。それを村人の手で埋め立て、御高札場用の広場に整備したのであろう。

なお、この高札と高札場の維持管理や存廃などをめぐっては、酒井一氏が詳細な論述をしておられる。[**] 本稿は、それとは重ならない側面について考察をした。

＊『ある被差別部落の歴史』一四二など
＊＊『郷土の歩み』第二五号、第二七号

第五章　災禍と過密居住

見てきたように南王子村は、農村とは言え、当時の城下町などの都市にも見られないような過密大集落の様相を呈し、それにもかかわらず幕末期においても、後掲の表9（一四五ページ）に見られるように、建物の半数ほどは藁葺きであった。他方、日常に利用する水はというと、農村的な灌漑用水や井戸水に依拠しており、不十分で不衛生なものであったと考えられる。

このような条件下で、最も恐ろしい災禍のひとつは火災である。事実、南王子村では江戸時代に、大火と言える火災を、記録に見るかぎりでは三度経験している。もうひとつ恐ろしいのは疫病の流行である。蔓延のスピードは、他の農村や都市よりもかなり早いであろう。また、脆弱な建物が多いことや過密居住から、台風や地震の被害は大きいと思われる。

このようなことから本章では、火災、台風、地震、

出火場所・原因
不明
焼き打ち
裏にある灰小屋より出火
竈口の火が藁少々に燃え移り
竈口の火が藁少々に燃え移り
軒下の灰の中より出火
藁灰を俵に入れる時藁に燃え移り
灰小屋の藁灰俵の中に火気
軒下の灰の中より出火
軒下の灰の中より出火
竈部屋の古箕の灰の中に火気

表7　記録に残された火事一覧

出火年月日・時刻	火元	焼失規模
元禄4年	不明	村中残らず焼失
元禄7年12月19日	放火	「穢多屋敷」のうち多数（村中大出火）
享保16年12月24日	長左衛門	中道より東不残出火、村方過半焼失
安永3年12月4日・夜2時頃	茂兵衛後家	1間半・2間の藁屋根住宅＋隣家
安永9年7月2日・朝9時頃	文左衛門	2間半・5間の藁屋根住宅の上家
文化2年10月29日・夜1時頃	茂兵衛	1間半・2間の藁屋根住宅全焼
文化13年4月19日・夜1時頃	無高才助41歳	1間半・2間の藁屋根住宅＋隣家
文政13年9月1日・22時頃	磯八38歳	1間四方の灰小屋全焼
天保7年7月19日・0時過	久四郎42歳借家	1間半・2間の藁屋根住宅全焼
嘉永4年11月24日・0時頃	うた47歳借家	1間半・3間の藁屋根住宅全焼
明治2年11月6日・0時	百姓万兵衛49歳	3間・6間藁屋根住宅の屋根廻り

疫病について、残された文書をもとに検討することにしたい。なお飢饉については、とくに天保大飢饉は図9（七一ページ）にも顕著に見られるように、筆者が推定するところ餓死者四〇〇人ほどの大きな災禍であったが、過密居住や建物の脆弱性という要因はさほど影響を与えないであろうと考え、またこの時の死者や死因などに関する史料もないことから、検討の対象には加えなかった。

火災の記録

明治二年（一八六九）までの間に南王子村で起こった火災について、『奥田家文書』と『大阪府南王子村文書』の両文書の記録を一覧にすると、表7になる。約一八〇年の間に一一件の火災が記録されている。

初期の三つは、いずれも大火と言うべきものである。この頃には、ほかにも小さな火災はあったのであろうが、記録には残らなかったと思われる。なにしろ三番目にあげた享保一六年（一七三一）の大火で、庄屋宅にあった記録類は多くが焼失したとされているから、それ以前については、大きな火災のみが、後日の伝聞として記録に残されたものと考えられる。

「除地屋敷」時代の大火

記録に残された南王子村の最も古い火災は、「除地屋敷」時代末期の元禄四年（一六九一）未年《ひつじ》にあった大火で、これにより当時三〇軒ほどあったと思われる村落は、全戸が焼失する事態になった。この大火は、元禄一一年（一六九八）六月付けの文書の中で、次のように述べていることによって確認できる。*

私どもの村では、七年前の大風のみぎり、火事があり村中残らず焼失し、…

また、時代が下って享保一四年（一七二九）六月の覚書に、次のような記述があることによっても、この大火があったことは確認できる。**

一、右惣ノ池の底樋

これは六五年前の承応二年巳年、中村杢右衛門様の御支配の節に伏せ替え下されました。この書付がございましたが、三九年前の未年に焼失してしまいました。…

このように、三〇軒ほどとはいえ「村中不残焼失」といった大きな事件が、この二つの記録のみにとどまっているのは、その三年後に起こった次の焼き打ち事件の衝撃の大

＊『奥田家文書』第一五巻、九六五
＊＊『奥田家文書』第一五巻、二四

きさによるのであろうか。

焼き打ち事件

元禄四年の大火からわずか三年後、元禄七年（一六九四）一二月一九日（新暦一六九五年二月二日）に、「除地屋敷」は焼き打ちに遭っている。このことは前述のように（五七ページ）、天保一四年（一八四三）の「村方由来書抜覚*」に記載されている。その要点のみを再掲する。

（私どもは）除地（無年貢地）に居住していましたので、何事も下賤に扱われ、あまつさえ元禄七年十二月十九日九ツ時に焼き捨てられ、（その後）こもざれのかこい（ムシロ囲い）にして、難渋の儀は書き尽くし難いものでした。

この事件のことを『ある被差別部落の歴史』では、「一二月一九日の真夜中、王子村の者に襲われて全村焼打ちの憂き目にあった」と紹介している。記録の原文では「九ツ時」とあるのみなので、これが昼の九ツなのか夜のそれなのかは分からないが、まさか小栗街道沿いの村落を真っ昼間に襲うこともあるまい。そのようなことをしたら襲撃者が誰かがすぐ分かってしまう。だから「真夜中」の襲撃に間違いはなかろう。

「王子村の者に襲われて」という記述は原文にはない。可能性としては「王子村の者」が最も高いかもしれないが、原文では襲撃者について名指しはしていない。また原文

＊『奥田家文書』第六巻、四一八

の「焼き捨てられ」を「全村焼打ち」と解釈するかどうかは微妙なところであろう。ほとんどが藁屋根の集居村落なので、風の強い夜に風上側から放火すれば、三〇軒ほどを「全村焼打ち」にすることも可能であろう。しかし「焼き捨てられ」のみでは、どの程度の火災規模なのか即断は難しい。

とはいえ、一年で最も寒い時期の真っただ中、ムシロ囲いの生活に追い込まれ、「難渋の儀は書き尽くし難いもの」であったのだから、かなりな程度の損害と、それにまさる精神的な屈辱をこうむったことは間違いがなかろう。

享保一六年の大火

南王子村が「一村立」を果たしてから三三年後の享保一六年(一七三一)、村はその歴史を通じて最も大きな火災を経験する。村方から役場に届け出たと思われる書類には、図16の絵を添え書きした文書が残されている。この文書は『奥田家文書』には収録されていず、郷土の歩み編集委員会『郷土の歩み』創刊号(一九七六)に掲載されている。*文書の要点を示す。

享保一六亥年の一二月二四日(新暦では翌一七三二年の一月二一日)の夜九つ過ぎ(午前一時頃)、長左衛門宅の裏の灰小屋から出火、西風が強く、間もなく絵に描いたように類焼し、八ツ時(午前三時頃)鎮火しました。長左衛門は立ち退いており、

*『郷土の歩み』創刊号、一九七六年、三〇、「南王子村享保の大火について」奥田家文書研究会

探しましたが行方が分からなくなっています。

この火事で郷蔵も類焼し、そこにあった年貢米一八石五斗と今年の籾二一石が焼失しました。そして住宅六八軒が焼失しました。その居住人数は男一四七人、女一四四人、計二九一人です。死人や怪我人はなく、牛七疋、高六四石六升四合、御検地帳、御高札は早速に取りのけました。

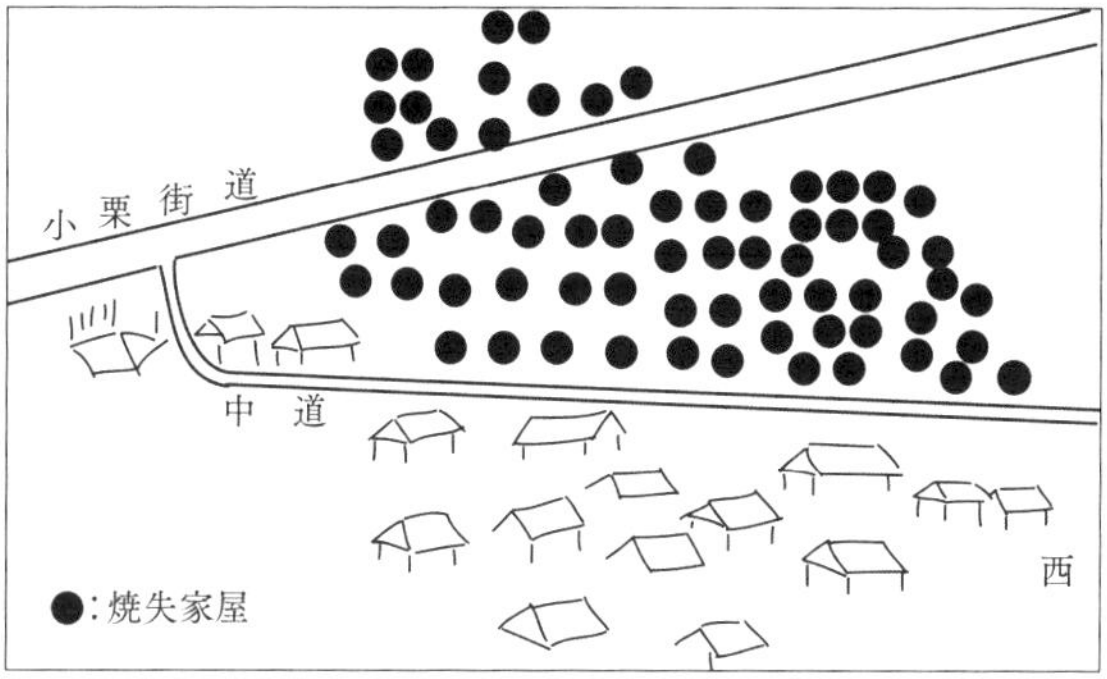

図16　享保大火の焼失家屋

図16は、添付されている焼失家屋の墨筆の絵を、筆者がトレースし、「小栗街道」「中道」を加筆したものである。元の絵にも、焼失家屋の一戸一戸が黒丸で六八戸分描かれており、家屋焼失の区域が分かる。この図の黒丸群の右下のどこかに長左衛門の家があり、その灰小屋から真夜中に出た火が、折からの西の強風にあおられて藁屋根伝いに一気に燃え広がり、小栗街道を越え、その東の地区をも焼き尽くした。その様子が示されている。

小栗街道から東の「道のはた」地区は、土地の名請筆数は五筆であるが（図13参照）、家屋は当時一三戸あったようで、そのすべてが焼失したことが分かる。

小栗街道と「中道」に挟まれた地区は「道のはた」と「十五ノ坪」であるが、そのほとんどが焼失している。名請筆数二七ほど、家数にして五五戸である。

火災は庄屋宅にもおよび、それまで保存してあった記録類のうち、宗門改帳などは焼失してしまったようである。検地帳と、当時まだ庄屋家敷地前の道路沿いにあったと思われる高札場の高札は、避難させたことが文書から分かる。

この大火で焼け残ったのは、図に屋根の描かれている地区がそれであろうから、「十六ノ坪」「十七ノ坪」「十八ノ坪」である。当時の南王子村は合計百戸ほどと思われるので、三十数戸がこの地区にあり、無事であったことになる。「十七ノ坪」にあった西教寺は無事だったようである。

この享保一六年の大火には後日談がある。

火元となり行方不明になっていた長左衛門が、足かけ五年後、つまり村の再建がなり、ほとぼりが冷めたであろう頃、村に帰参したいと村の者を通して願い出たのである。それに対し、庄屋、年寄をはじめ三六名は、連名で次の口上書を役場に提出し、帰参拒否の意思表示をしている。*

口上書

五年前の亥年一二月二四日、南王子村大火の節の火元の長左衛門と申す者は、その時村方を立ち退いたので、村方帳面から除いていました。このたび村へ帰参した

＊『奥田家文書』第四巻、六〇七

いと同村の半兵衛を通じて願い出があり、帰参させる筋のものであるかと、お尋ねがありました。右の者は村方にいる間にも御法度を守らないことがあったので、その時は、村方を立ち退くよう申し渡し、その上で村方帳面からも除くべきであるかと考えた所、親類の詫び請合いがあったので、そのままに仕置きしていました。また長左衛門の母の妙由と申す者も、女ながら考えの難しい心得の者なので、先年、村方より咎めを申し渡すようなことがあり、これもまた親類の詫び請合いにて、その通りにしていました。

右のように二度までも村方が証文を取り置いた者である上に、火元になって立ち退いたような者ですので、このたび村方へ呼び返すこと、不利益に存じます。火元の事についてはその時の不仕合せと考え、帰参の儀もご公儀様次第と考える所ではありますが、元来の品性や、二度の証文もある事により、帰参をさせるについては、何分ご免なされ下さいますよう、お願い申し上げます。以上

享保二十卯年九月　　南王子村庄屋　理右衛門㊞

以下、年寄二名、百姓三三名の署名印

この結果がどうなったかは分からないが、その後、この件に関して何らの文書も残されていないところを見ると、帰参は叶わなかったのであろう。

なお、この口上書でひとつ注目されるのは、「火元の事についてはその時の不仕合せ

と考え」ていることである。この「火元も不仕合せ」の考えは、火元の者への村の処遇の基本とされていたようで、次に述べるその後の事例に見るように、叩き刑などで火元人を厳しく責めるようなこともなく、謹慎程度の処分で済ませていたようである。

以後の火災

この三つの大火の後、明治二年までに南王子村は記録上、八つの火災を経験している。表8に見るように、これらはいずれも一戸、二戸の焼失規模であり、享保一六年の大火以降の江戸時代一三〇年余の間、村は大火に見舞われずに済んでいる。

火元人のその後
茂兵衛後家西教寺にて謹慎
文左衛門西教寺にて謹慎
茂兵衛西教寺にて謹慎
才助西教寺にて謹慎。隣家も西教寺へ。
磯八西教寺にて謹慎
家族と共に西教寺。川口役所へ詫び
家族と共に西教寺。川口役所へ詫び
家族と共に西教寺。池田下村役所へ詫び

この八件の火災の特徴は第一に、表に見るように、うち六件が軒下や灰小屋に取り置いた藁灰の残り火から出火していることである。享保の大火も、灰小屋が出火場所であった。

藁灰は、農業用の天然肥料として、あるいは火鉢や炉の敷き灰などとして、当時は農業生産や生活に必須のものであった。これが灰小屋や軒下に、俵に入れるなどして貯め置かれていたのであろう。火が消えていることを十分に確認しないまま保存すると、灰から発火することもあったの

表8　消火・類焼・火元人その後

出火年	火元	消火活動	類焼	怪我人等	牛馬損
安永3	茂兵衛後家	早速村役人村中集り打消申候	藁屋根隣家1戸	なし	なし
安永9	文左衛門	早速村中集り打消申候	なし	なし	なし
文化2	茂兵衛	早速村役人村中集り打消申候	なし	なし	なし
文化13	才助	早速村中罷出て取鎮申候	藁屋根隣家1戸	なし	なし
文政13	磯八	村中走寄早速鎮火	なし	なし	なし
天保7	久四郎	早速相消し候	なし	なし	なし
嘉永4	うた	早速相消し候	なし	なし	なし
明治2	万兵衛	—	なし	なし	なし

である。

残り二件は、竈口の火が近くにあった「藁少々」に燃え移って出火している。竈の火をおこす際の焚き付けに使う藁が、竈口の近くに置いてあったのであろう。

この八件の第二の特徴は、いずれもが藁屋根であったことである。文左衛門宅の二間半・五間、万兵衛宅の三間・六間のような大きい住宅は、「上家」や「屋根廻り」など藁屋根の部分に火が廻り、そこが燃えている間に消火したのであろう。下部の床部分は残ったように思われる。ほかの三、四坪の小さな住宅は、残ることなくすべてが焼け落ちたと思われる。

第三の特徴は、それまでの三つの大火がすべて一二月(新暦一月下旬から二月上旬)であったのに対し、この八件の火災は四月から一一月の間に発生したことである。一二月は強風と乾燥という、火災にとって最も危険な条件が揃う時期であるが、三つの大火以降はこのように、それ以外の時期に発生したことが不幸中の幸いであった。次に述べるように、とくに冬場の火災予防には、村全体で特に注意していたのも功を奏したのであろう。

火事の火元人に対する処置は、前述の「火元も不仕合せ」の考え方からであろうが、表8に見るように、誠に寛大なものであったようである。ここで注目されるのが、八件のすべてにおいて「西教寺において謹慎」となっていることである。南王子村の西教寺に限らず、おそらく当時の村の寺には、そのような「避難所」としての役割もあったのであろう。

火災予防

火災は、とりわけ大火は、密集と藁屋根の大村落の南王子村にとって、最も恐るべき災禍である。農業と雪踏産業などで培ってきた大きな村を灰燼に帰し、生活基盤と産業基盤の両方を、一瞬にして根こそぎ奪いかねない恐怖である。従って、日頃から火災に対する備えは、他村に幾倍して行ってきていたと思われる。

ところが表8に見るように、文政一三年（一八三〇）には、その四月と九月に続けざまに火災を出してしまったのである。九月一日の火災のあと、七日に次のような「村方一統取締請書連印帳」なるものを、二四人の組頭を筆頭に、五六七人の村人（戸主）全員の署名で取りまとめている。*

＊『奥田家文書』第六巻、五二二三

出火ニ付、村方一統取締請書連印帳

……。当村は、かねがねお申し聞きの通り、端々まで建て迫っている村です。今後万一粗相や過ちで火難があれば、場所によっては村中に及ぶかもしれません。このようなことになっては、とても元の村方には復旧しがたく、取締役様もかねがねご心配下さっているところです。今後、隣家相互に申し合わせ、昼夜心を配り火の元を大切に守り、家内の者はもちろん、下女・下男に至るまできっと申しつけます。

かつまた、今般仰せられたご趣意は、村内に出火があった場合には、第一にご高札を大切に守り、庄屋宅の諸書物などに心を配り、宿坊・寺社の什物などを怠りなく守り、そのほか村中の十五歳以上の者は残らず出て防火に当たること。ご憐憫のご理解でこれを仰せ渡しになられたので、この段をとくと心得、誠にこれまで下賤不弁の村方として右の弁えが無かったので、今後はきっと改め、ご趣意の趣を大切に守り、末々まで洩らさず申し聞かせ、もし背く者があれば、あい糺し早々に申し出るように致します。もちろん自身番の儀は相互に申し合わせ、いささかも懈怠なくつとめます。

この「連印帳」では、普段の心掛けとして「今後、隣家相互に申し合わせ、昼夜心を配り火の元を大切に守り、家内の者はもちろん、下女・下男に至るまできっと申しつけます」と、抽象的に火の用心のことを述べているに過ぎない。どのような体制で用心をしているかの具体的な内容は、嘉永五年（一八五二）二月二一日の「村方心得方取締之事」で知ることができる。*

村方心得方取締之事

一、当村は元来、屋敷の地面が少なく、端々まで家が立て詰まっています。出火があった場合には防ぐことが難しく、そのようなことがあれば、困窮の村方ゆえ元のようにはなりがたく、一村退転に及びかねません。めいめいが家内で申し合わせ、火の元第一に心がけ、心を用いています。これについて、夜番は村方の小前が順番に、一軒に付き年三、四度の事ですが、子供などを差し出しては用人（用心）にならないので、本人など確かな者が罷り出て、暮六ツ時より明六ツ時まで、万事に気をつけ、相廻り申すべきこととしています。

一、近村にて出火があった時は、村方に火消し道具をかねて備え置いてあるので、すぐさま村役人宅に走りつけ、備え置いてある道具を持参してまかり越し、村方の道具が不足の時は、かねてめいめいが貯え置いた自分の道具を持参でまかり越し、必ず他村の事として捨ておくことなく、なるたけ骨折ってあい防ぐべきこととしています。

文末が「こととしています」とあるから、嘉永五年以前から、この文書のような申し合わせがあったのであろう。夜番は小前の者が順番に、暮六ツ（日暮れ）から明六ツ

*『奥田家文書』第五巻、八〇三

（夜明け）まで村内を見回ることになっていたようである。

「小前」とはこの場合、無高の者まで指すのであろう。夜番を三軒一組で行ったとすると、「一軒に付き年三、四度の」当番をするのだから、担当する軒数は村全体で三〇〇軒ほどとなろう。表4（八七ページ）によると嘉永四年当時、村には合計三三九軒あり、このうち村方三役や組頭（二五軒ほどか）は免除されたとすると、残りは三〇〇軒余である。このことからして、おそらくは無高を含めて、村全体が夜番を担当していたと考えるのである。

後段の「近村にて出火があった時」の、消火の応援のことは興味深い。南王子村は何かにつけて、その豊富な労働力を他村からあてにされることが多いが、ここにもそのことが表れていると言えよう。実際にそのような出動があったという記録は見当たらない。

大地震

嘉永七年（一八五四）の一一月四日と五日（新暦では一二月二三日と二四日）、二日連続で村は「昔より稀なる大地震」*に見舞われた。

一一月四日の大地震は、今でいう「安政東海地震」**で、震源は熊野灘、遠州灘、駿河湾の東海道沖であった。五日の大地震は「安政南海地震」で紀伊半島沖、四国沖の南海道沖を震源としている。双方とも推定マグニチュード八・四の「南海トラフ巨大地震」

＊「差入申請証文之事」『奥田家文書』第六巻、一〇一

＊＊嘉永七年は一一月二七日に安政と改元されたので遡って安政元年とされた

である。

両地震とも、震源付近を中心として、震度七（烈震）から震度五（強震）の地震が、東海道、南海道、畿内、東山道、中山道、北陸道など、広範な地域を襲った。大津波も起こった。潰家、焼失家屋、流出家屋は全国で数万戸、死者も数千人以上に上るとされている。南王子村の近くの堺や岸和田におけるこの地震の震度は、「東海」「南海」双方とも五（強震）とされている。*

従って南王子村においても、この「強震」を二日連続で経験したということになる。そしてその後「大地震ニ付損所書上帳」という被害届を川口役所**に提出している。*** それをまとめると次のようになる。

全壊（「皆潰」）―為助宅、藁葺、梁間二間・桁行三間半、二方に瓦下屋。

準全壊―梅右衛門宅、藁葺、梁間二間・桁行三間半、西へ「ねじゆがみ」、突っ張りをして仮家に居住。届出後の役所の検分で「潰家」とされたらしい。

半壊―住宅一四軒、うち八軒は「ねじゆがみ」や「こけ」、二軒「ねじゆがみ」と「壁落」、二軒「壁落」、二軒「庇離落」。土蔵一か所「ねじゆがみ」。

この被害届に見る限り、死者や火災発生はなかったようである。新暦では年の瀬に当たるこの時期に、密集住宅地であるこの村において火災発生がなかったのは、不幸中の幸いであった。前述のような、普段からの火の用心の体制が功を奏したのであろう。

＊この地震に関する以上の記述はWikipediaを参照した。

＊＊南王子村はもと幕領であったが延享四年（一七四七）に一橋の領知になり、大坂の川口に一橋家の役所が置かれた。

＊＊＊『奥田家文書』第六巻、九九

この大地震の翌年、安政二年（一八五五）の三月に、被害を受けた村々に「潰家」一軒に付き二両、「痛家」一軒に付き一両が江戸表より下賜された。この下賜金は、川口役所の白洲において村役人に渡されたらしく、その封金を為助と梅右衛門がそのまま受け取った、との証文が残されている。*

台風

安政大地震からわずか九カ月しか経っていないのに、安政二年（一八五五）八月二〇日（新暦九月三〇日）、今度は村は「前代未聞の大風雨」に襲われた。その被害状況を一戸ごとに書きあげた「大風雨損所書上」という川口役所への届出文書が残されている。**内容や時期から見て、大風雨とは台風のことであろう。

この文書の末尾には、次のような記載がある。

この月の廿日、前代未聞の大風雨にて大被害が出ましたので、恐れながらこの段をお届け奉り申上げます。怪我人や牛馬の損じなどは一切ございませんでした。何卒右お聞き置きなされ下されば、有難く存じます。　年寄　万次郎

庄屋ではなく年寄の名での川口役所への届け出であることから、あるいは文面の調子から、役所が届け出を命じたのではなく、村から自主的に届け出たものであろう。被害の大きさの申し出によって、村の窮状への理解を求めたものと思われる。その後、大地

*前掲「差入申請証文之事」
**『奥田家文書』第六巻、一〇八

震の時のような下賜金が出たという記録は残されていない。おそらく江戸表では、そうした財政的な余裕はなかったのではなかろうか。

その被害は表9に示すとおりである。

二年前の嘉永六年（一八五三）の宗門改帳によると、村の住宅戸数は西教寺を除き三一八軒である。* 表9を数えると、そのうちの五九軒一八・六％が、届け出るほどの被害を受けたことになる。五・五軒に一軒の割合で顕著な被害が出たのである。従って台風一過の南王子村は、村中に瓦や飛散物が散乱し、壁が離落して小舞竹がむき出しになった家屋が至るところにあり、倒壊、捻れ、歪みの建物も多く見られるなど、惨憺たる様相を呈したことであろう。

この被害の大きな特徴は、住宅規模、屋根葺き材（瓦か藁か）、住宅所有関係（持家、借地、借家の別）を問わず、また被害の種類や程度を問わず、村中があまねく被災していることである。

表の一番左の「種類」の列は、「書上」にあった記載名である。それには「居宅」「借家（借屋）」「貸家」「納屋」「土蔵」「五木部屋」があった。「居宅」の住宅所有関係が分からないので、『名前』の列の名を嘉永六年の宗門改帳で調べたところ、表の一番右の「住宅所有関係」の列のようになった。

表の下の方の、由右衛門、五兵衛、善七は、本人は持家であるが、被災したのはその

＊『奥田家文書』第三巻、五八八

表9　安政二年八月　大風雨損所書上

種類	葺	梁間	桁行	被害				身分	名前	住宅所有関係＊
				全壊	壁離落	屋根吹落	捻れ歪み			
居宅	藁	2	3.5	皆倒				百姓	善兵衛	持家
居宅	藁	1.5	4	皆倒				無高	清七	借地
居宅	瓦	1.5	3	皆潰				無高	直右衛門	借家
居宅	瓦	1	2.5	皆倒				無高	たつ	—
居宅	藁	1.5	3	皆倒				無高	紋右衛門	借地
居宅	藁	1.5	3.5	皆潰				無高	重作	借家
居宅	藁	2.5	5		北			百姓	久七	持家
居宅	藁	2	3.5			○		百姓	弥惣兵衛	持家
居宅	瓦	2.5	4.5		北			百姓	清五郎	持家
居宅	瓦	2	4.5			○（一部）	○	百姓	惣次郎	持家
居宅	藁	2	3		北			百姓	源四郎	持家
居宅	瓦	2.5	3.5		北			百姓	新助	持家
居宅	瓦	1.5	2.5		北			百姓	丈右衛門	持家
居宅	瓦	2	4		北・西		○	百姓	元七	持家
居宅	瓦	2.5	4		北			百姓	孝右衛門	—
居宅	藁	2.5	4		北			百姓	権右衛門	持家
居宅	瓦	2.5	5			屋根打込	○	百姓	治三郎	持家
居宅	藁	2.5	4		北・西			無高	新七	借地
居宅	瓦	2.5	3		北		○	無高	惣六	借地
居宅	藁	2	4.5			○		無高	与三右衛門	借地
居宅	藁	1.5	2.5		北			無高	藤五郎	借地
居宅	瓦	2	4.5		北・西			無高	林蔵	借家
居宅	藁	1.5	2.5		北			無高	与茂三郎	—
居宅	藁	3	4		北・西			無高	冨右衛門	借地
居宅	藁	2.5	4.5		西			無高	九兵衛	借地
居宅	瓦	2.5	4.5		北			無高	兵次	借家
居宅	瓦	2	4.5		南			無高	政右衛門	借地
居宅	瓦	1.5	2.5		南			無高	又平	—
居宅	藁	1.5	4.5		北			無高	助次郎	—
居宅	藁	2	3		全て		○	無高	万右衛門	借地
居宅	藁	2	4		北・西			無高	梅右衛門	借地
居宅	藁	3.5	2.5		北			無高	平作	借地
居宅	藁	1.5	4.5		西		○	無高	佐次兵衛	借地
居宅	瓦	2.5	4.5		北			無高	忠五郎	借地
居宅	瓦	2.5	5		北			無高	久次郎	借地
居宅	藁	2	3.5		北	○（一部）		無高	佐次郎	借地
居宅	藁	2	3.5			○（一部）		無高	伝右衛門	借地
居宅	藁	2	3			○（一部）		無高	勘兵衛	借家
居宅	瓦	2.5	2		北			無高	四右衛門	借地
居宅	藁	2	5		北・西			無高	伝蔵	借家
居宅	瓦	1.5	3.5		東			無高	又兵衛	借地
居宅	藁	1.5	3			○		無高	若右衛門	—
居宅	瓦	2	5.5			○		無高	新三郎	借地
居宅	瓦	2	2		全て		○	無高	七右衛門	借家
居宅	藁	2	3			○		無高	利兵衛	借家
居宅	瓦	2.5	4.5		北・西			無高	佐五郎	借地
居宅	瓦	1.5	2.5		南・東			無高	浅右衛門	借地
居宅	藁	2	3		北			無高	庄助	借地
居宅	藁	2	3			○		無高	権兵衛	借地
居宅	藁	3.5	3.5			○		無高	三郎兵衛	借地
居宅	藁	3	5		西			無高	定平	借地
借家	瓦	1.5	2.5		北・南		○	百姓	由右衛門	持家
貸家	瓦	1.5	7		南			百姓	五兵衛	持家
借家	瓦	1.5	2		北		○	百姓	五兵衛	持家
借家	瓦	2	3		西			百姓	五兵衛	持家
借家	瓦	3.5	5.5				○	百姓	五兵衛	持家
貸家	瓦	2.5	3.5		北・西・南		○	百姓	善七	持家
借家	瓦	2	3		北		○	百姓	善七	持家
借家	瓦	3.5	3.5		北			百姓	久兵衛	—
納屋	瓦	1	3			○（一部）		百姓	仁兵衛	—
納屋	瓦	2.5	4.5		北			百姓	佐兵衛	持家
納屋	瓦	1	1.5	皆倒				無高	藤七	借地
土蔵	瓦	2	3			○		百姓	五兵衛	持家
土蔵	瓦	2	2		北・南	○		百姓	佐兵衛	持家
＊＊	藁	1	1.5	皆倒				百姓	権右衛門	持家

＊嘉永6年（1853）の「宗門改帳」より「名前」の人の住宅所有関係。「百姓」は「持家」とした。「—」は不明。
＊＊五木部屋：「御器部屋」（食器を収納した建物）のことと思われる。

所有する借家（貸家）であったのである。おそらく空家状態なので家主の名前で記載したのであろう。「居宅」となっている建物の住宅所有関係においても、「借家」との記載があることから、それらを総合すると、五九軒の被災住宅の内訳は、持家一一軒、借地二六軒、借家一六軒、不明六軒となった。

不明を除く割合にすると、持家二一％、借地四九％、借家三〇％である。これを表4（八七ページ）の嘉永四年現在の数値、持家二四％、借地三四％、借家四二％と比較すると、借地の家が多く被災している傾向がうかがえる。借地の場合、家そのものの品質は、他に比べて劣っていたのかもしれない。

空家と思われる借家・貸家七軒のうち四軒は五兵衛の所有であり、目立っている。五兵衛家は先代の四代目で家産を最大にし、弘化四年（一八四七）には貸家も一八軒を所有するに至っている。*それから八年後のこの台風なので、まだ十数軒の貸家はあるとして、そのうちの四軒ということで、これだけの空家はありうる話であろう。

五兵衛宅ではさらに、表の一番下に見るように、二つの土蔵が被害を受けている。中でも、瓦屋根が二つとも、全部吹き飛ばされていることが目に着く。この台風から三年後の安政五年（一八五八）の五兵衛宅には、図20（一九五ページ）のように、土蔵が二つある。この二つとも屋根瓦が飛んだのである。このうち北側の土蔵は「置屋根」すなわち蔵の本体から離れて屋根が置かれた形式であることから、その置屋根全体が吹き落と

＊『ある被差別部落の歴史』四九

されたとも考えられる。

全壊は居宅で六軒、納屋が一棟、「五木部屋」が一棟である。「五木部屋」とは、食器を収納した建物のことと思われる。被害の記載には「皆倒」と「皆潰」の区別があり、ある一方向に倒れたのか、あるいは上から潰れた状態になったかの別を記録している。

被害で最も多いのが「壁離落」である。当時、農村の住宅の外壁は、小舞竹《こまいだけ》＊の下地に、下塗、中塗の壁土を塗った程度の土壁が多かった。これが強烈な風雨にさらされれば、「離落」という表現がふさわしい状態になったと思われる。下地の小舞竹は残ったであろうから、壁だけの被害の住宅に関しては、復旧はさほど難しいものではなかったのであろう。

とはいえ、例えば梅右衛門宅では、前年の安政大地震でほぼ全壊になっていた。前述のように二両の下賜金を受けて、おそらくそれを建て替えたばかりの所への、この台風である。ここでも「北西二方壁離落」の被害を受けたのであるから、たいそう疲弊したことであろう。

被害を受けた壁の方角には特徴がある。表に見るように、北壁が最も多く離落しており、続いて西壁である。これは台風による風が、北風と西風が多かったことを示している。そうした風をもたらす台風の進路は、南王子村の南側を東に向けて通過、すなわち紀伊半島を西から東に横断するか、あるいは村の東側を北に向けて通過、すなわち紀伊半島を南から北へ縦断するかの、どちらかであったのであろう。

＊土壁の下地に組みわたした竹

表9に示した以外に「書上」には、西教寺の本堂と太鼓堂の屋根瓦が「少々吹き落ちた」こと、百姓（持家）太兵衛宅の松の大木（高さ八間余、幹廻り九尺余）のうち上部の四間（約七m）はどが隣家（百姓治三郎）の屋根に落ち、その屋根を破損（文書では「打込」）したこと、そして「雪踏の皆潰があまたありました」ことが記載されている。

麻疹大流行

幕末期の南王子村を襲ったのは、これら大地震と台風のほかに、麻疹《はしか》の大流行があった。文久二年（一八六二）のことである。その七月と、八月の追加の二度にわたる「病災書上帳」[*]は、罹患者と死者のすべての名前と世帯を書きあげているが、それを総合すると、八月現在、麻疹による南王子村の被害状況は次のようになる。

・総罹患者数―一二九七人。宗門改帳による安政六年現在の人口一九九〇人に占める割合六五・二%。うち死者一〇〇人、同五・〇%。

・罹患世帯数―罹患者を一人以上出した世帯数[**]は西教寺を含め三一六世帯。安政六年現在の世帯数三四八世帯（西教寺含む）に占める割合九〇・八%。

人口の六〇%、世帯の九一%が罹患し、人口の五%が死亡したというのだから、村はまさに麻疹の患者に覆い尽くされたという状態であった。麻疹への抗体を持っていない住民は、ほとんどが罹患したのではなかろうか。七月と八月の「病災書上帳」には川口

＊『奥田家文書』第六巻、一二六、一八七
＊＊七月の「病災書上帳」による

役所あての文書が添えられ、南王子村の窮状を訴えている。＊そのうち八月のものを、当時の状況が生産面を含め全体的に分かるので、少々長いが全文を引用することにしたい。

乍恐以書付御歎願奉申上候

この六月上旬頃よりご領知の村々全体において、徐々に麻疹病が流行している次第につきましては、郡中御惣代中より書付をもってお届け申上げましたが、当村はとくに多人数にこの病気が伝染いたしました。中には難症（重症）の者もおり、治療に種々手を尽くしましたが、効験が見えず死失（死亡）する者も多人数になりました。

従って七月一七日に別紙帳面（「病災書上帳」のこと）を相したためて、当村よりお届け奉り申上げました。しかしさらに病気は流行し、難症の者も多人数出てまいりました。この六月以来今日までに、この病で死失した者は百人ばかり、この病で臥せている者が千二百人、合わせて千三百人になりました。＊＊

わけても作柄手入れの最中の折、屈強で働き盛りの者が多数打ち臥せていますので、この病気に罹っていない者を村中で互いに融通しあい、あるいは相雇い、昼夜の別なく作柄を手入れしています。しかし、当村は小高の村ですが、出作・下作（小作）を合わせると都合五〇町余も作付がございます。

右のように多人数が臥せていますので、日雇等（の労力）も無く難渋が必至で、

＊『奥田家文書』第五巻、九八四

＊＊このくだりを『ある被差別部落の歴史』では安永元年（一七七二）の悪疫流行の時の話として紹介しているが、何かの間違いであろう（同書一七ページ）

修理等や病人の介抱も行き届かず、ほとんど屈託（疲労困憊）し、村方の難渋は少なくありません。村役人たちも、何はともあれ種々介抱方に手を尽くしていますが行き届き難く、そのうえ右の多人数の病人の養生方も手段がなく、とても村役人の力は及びません。

重々嘆かわしく存じ、また恐れ多い御儀でございますが、御上様のご憐憫の程願い上げ奉ります。このたびの麻疹流行の儀は、世上一体、天然の儀とは愚察奉ります。当村については村高に不相応の人別にて身上が無く、その日暮しの者も多いので、昨年酉年も米麦の諸色（物価）の高値にて、村中の者千人余も餓死するかのような成行きでした。

凌ぎようが御座いませんので、恐れ多きも顧みず御救いの儀を願い上げ奉りました処、御上様にも厚き御思召をもって江戸表へ仰せ立て下さいました処、全く厚き御手当金をお下げ渡し下さいました。冥加至極、村中一同有り難く露命をつなぎ罷りありました。

右のような（昨年の）次第を弁別すれば、容易に御歎願を申し上げかねますが、このまま捨て置き候ては、村中が忽ち滅亡におよび候やと、寝食も安穏にできず実に嘆かわしく、恐れ多きも顧みず御歎願奉り申し上げます。

何卒、右始末を深く御憐察なされ、御出格の思召しをもって下拙の一同を御救いなされたく、一同伏して願い上げ奉ります。右を許容なされれば、村中一同、広大の御慈悲有りと仕合せに存じ奉ります。

文久二戌年八月廿一日

百姓代 木八㊞ 年寄 嘉兵衛㊞ 同 万治郎㊞
庄屋 利右衛門㊞ 同 三右衛門㊞

まさに南王子村は「このまま捨て置き候ては村中が忽ち滅亡におよび候や」というほどの切迫した状況であった。流行は村役人等の家にも及んだ。

庄屋の三右衛門家では、庄屋見習をしていたと思われる龍三郎（推定三二歳）がこの病気で死去し、残された家族八人のうち六人が麻疹で「臥居」している。庄屋利右衛門家では一〇人中七人が、年寄嘉兵衛家でも一〇人中七人が、年寄万治郎家では八人中六人が「同病にて臥居候」の状態になった。西教寺住職の了雅家では一三人のうち八人が罹患し、同居していた了雅の弟了音の倅千代弥（二歳）が死去した。

麻疹はウイルス感染症で、感染力は非常に強く、空気、飛沫、接触のいずれからも感染するとされている。南王子村の場合、居住密度が大変高いことが、さらにその感染を促進したのであろう。加えて前年に「村中の者千人余も餓死するかのような成行き」を呈するほどの凶作、物価高、病者・死者の多発により、村人の体力が大きく低下していたことも、これほどの流行をもたらす背景にあったと思われる。

他の疫病

麻疹大流行の前年、文久元年（一八六一）の三月二五日付けで、「病死人書上帳」と「中分病気人書上帳」という二つの文書が川口役所あてで書かれている。*前者は「去夏以来より餓死並び老病にて死失つかまつり候者」であり、後者は病気で臥せっている者のリストである。

この「書上帳」によると、死者は八二人である。当時の村の年間死者数は平均五〇人ほどだから、**「去夏以来」の一〇カ月間の死者数としては、かなり多い。しかも「餓死」とも書かれているところが普通ではない。そして病臥している者が七八世帯の一二五人にも上っている。

病気の内容は、「時疫」すなわち「はやりやまい」が八二人で、病人の六五・六％を占めている。その内容は明らかでないが、書き上げられた名前に添えられた年齢の多くが成人である所を見ると、翌年に大流行した麻疹ではなさそうである。続いて「牢疫」が一七人、牢のような衛生状態の悪い所で発生する疫病ということから付いた呼称であろうか。結核、労咳のことであろう。

この「時疫」と「牢疫」の大量発生の背景には、凶作や物価高を背景とする劣悪な栄養状態と過密な居住環境があったのであろう。文久元年（万延二）の二月八日には川口

＊『奥田家文書』第五巻、一一五、一一七
＊＊『ある被差別部落の歴史』表三、一四一一五

役所に、凶作に始まる村の窮状を訴える痛切な歎願書を提出している。*
「時疫」と「牢疫」以外については、「老病」七人、「眼病」四人、「咳嗽《がいそう》」（喘息など）三人、そして「積気」（癪）「風温」（春に発生する急性の発熱疾患）「疝気」（腰腹部の疼痛の総称）「中風」（脳出血後の麻痺）「産後病」「難病」各一人と、通常期にもありうる疾病が書き上げられている。

　この文久元年の疫病流行から遡ること九〇年、安永二年（一七七三）にも南王子村では疫病が大流行している。その病気の、内容に関する資料は残されていない。ただ「村方では当春以来疫病が流行し難渋しています」**とか「あまた死人これ有り」***といった文章と、御救米麦の配布・受取の一覧が残されているのみである。

　この疫病の流行で、およそどれほどの死者が出たかについては、その前後の宗門改帳によって知ることができる。流行前年の明和九年（一七七二）の宗門改帳では、村の人口が七九八人、戸数が一七三軒（西教寺除く）あった。これが流行翌年の安永三年（一七七四）には、人口六六五人、戸数一五一軒（同）になっている。

　人口で一三三人の減少、すなわち当時の村の人口の一七％ほどが、この疫病で失われた（図9〔七一ページ〕参照）。前述の文久二年の麻疹大流行においては、死者一〇〇人、村の人口の約五％であったことから比較しても、安永二年の疫病流行の規模がいかに大きかったかが分かる。

*『奥田家文書』第五巻、九七四
**『奥田家文書』第六巻、五五九
***同書、五八七

第六章　住宅の状況――明治初期を数値に見る

本章からは、以上により到達した明治初期の南王子村の住宅状況について見てゆきたい。

「辛未戸籍」と「壬申戸籍」

明治政府は明治四年（一八七一）四月四日、太政官布告で「戸籍法」を制定した。これに基づき、翌五年（干支は壬申《じんしん》）に全国的に編製されたのが、いわゆる「壬申戸籍」である。この壬申戸籍に先立ち一部の地域では前の年、明治四年（干支は辛未《しんび》）に戸籍を編製したが、この「辛未戸籍」は「実に詳細な記載で、…壬申戸籍よりはるかに資料価値は高い。何よりも戸籍上欄の職業（農業、日雇業、下駄表商業等）や所有地、持家・借家の規模、牛頭数、通婚圏などの貴重な情報を伝える」[*]ものであった。

南王子村においても明治四年から五年にかけて、この辛未と壬申の両方の戸籍調査が行われた。その調査の過程と結果の文書が奥田家に保存され、それが活字化されて、昭和五一年（一九七六）に出版された『大阪府南王子村文書』第一巻の中に収められた。

その南王子村における「辛未戸籍」「壬申戸籍」関係の文書を一覧にすると、表10の

＊酒井一「解放令と相撲興行（一）」『郷土の歩み』第二八号、一九九七年

ようになる。

　このうち「明治四年四月南王子村戸籍」が「辛未戸籍」である。三冊のうちの一冊を欠いている。「明治四年戸籍下帳」は、「辛未戸籍」のための下書き帳であり、三〇冊でもって南王子村の全戸をカバーしている。従って、この「下帳」で「辛未戸籍」を補完すると、当時の南王子村のほとんど全部の世帯について、具体的職業、構成員の名前・年齢・続柄、田畑や屋敷地の面積と石高、住宅所有関係（持家・借家、地主家・借地）、住宅規模（梁間と桁行）を知ることができる。

　ただしこの「下帳」については、識字者や伍長*などを調査員に使い戸籍の下調べをさせたと思われるが、指示が徹底されなかったせいか、あるいは調査員の能力差によるのか、冊ごとの記述には不統一があり、かなり詳細なものから杜撰と言わざるを得ないものまで、記録の精度は冊によってまちまちである。

　とはいえ、同じ世帯に対して複数の調査員があたるということになっていたらしく、同じ世帯が「下帳」の二カ所ないし三カ所にわたって記録されていることがほとんどである。従って、これらの複数の記録を照合することにより、多くの場合、個々の世帯の様子を、かなり正確に把握することができた。

　表10の「堺県第拾一区戸籍帳」は「壬申戸籍」である。明治五年四月に県、中央政府に提出され、奥田家に残されたものはその「予備控**」である。「三番」を欠いているが、

*以前の五人組の組頭の制度が明治に入りこのように改変されたのであろう。信頼感のある人が務め、村民は自宅から離れた場所の伍長に付くこともできていたようである。村内のさまざまな人間関係が伍長決めの要因になっていたのであろう。

**『南王子村文書』第一巻、序

名・齢・家族関係	出生日	田畑面積・石高	住宅規模	住宅種類
多くが記載	なし	多くが記載	多くが記載	多くが記載
記載	なし	記載	記載	記載
記載	なし	なし	なし	なし
記載	記載	なし	なし	なし

「明治五年戸籍下帳」により、屋敷番号三〇一番から四二〇番までがその「三番」に該当することが分かる。「明治五年戸籍下帳」も一冊を欠いているが、これも屋敷番号から、一番から二〇番までが欠けていることが分かる。従って、壬申戸籍も「下帳」を併せて見ることにより、その全容を概観できる。

「壬申戸籍」は表に見るように、「辛未戸籍」にあった資産や具体的職業等の記載がなくなった代わりに、各世帯の職分と、各人の生年月日が加わっている。「職分」は「壬申戸籍」で新たに設けられた身分であり、*南王子村には「農工商雑」の四つが割り振られている。

この南王子村の「壬申戸籍」の「予備控」は三番が欠けているので、三〇一番屋敷以降の職分については、この文書だけでは分からない。しかし幸いに「屋敷番号順次農商雑工産業明細記」という文書があり、**明治五年より若干後の記録と思われるが、三〇一番屋敷以降の職分をそれによって補うことができる。

「明治五年戸籍下帳」は、そのほとんどが屋敷番号と家族構成のみが記載されたものである。おそらくは、それまでの「宗門改帳」の経験においてはなかった、戸籍に屋敷番号を振るとい

＊新見吉治『壬申戸籍成立に関する研究』日本学術振興会、一九六〇年、八五

＊＊『南王子村文書』第一巻、六五四

表10 「明治4－5年戸籍」関係文献

	日付	冊数	屋敷番	職分	具体職業
明治4年戸籍下帳	明4	30	なし	なし	多くが記載
明治4年4月南王子村戸籍	明4.4	2（1冊欠）	なし	なし	記載
明治5年戸籍下帳	明5	7（1冊欠）	21-420	なし	なし
堺県第拾一区戸籍帳（一番）	明5.4	2（三番欠）	1-150	記載	なし
堺県第拾一区戸籍帳（二番）	明5.2		151-300		

う指示が「壬申戸籍」ではなされ、それに応えるために割り振った結果としてのメモであろう。

この屋敷番号は、どのようなルールでもって割り振られたのであろうか。それが分かれば、ほとんどの住宅の位置を地図上に落とすことができるなど、当時の村落の空間的な様子がさらに明確になるのだが、このルールがどのようなものであったかは明らかでない。

本章では以上のことから、表10の文献をデータベース化*し、それに基づいて明治初期の南王子村の住宅の状況を、数値の面から明らかにする。以下においては煩雑を避けるために、この四つの戸籍文書のことをまとめて述べる場合には、それを「明治初期戸籍」と呼ぶことにする。

なお、この当時の戸籍文書は、「治兵衛」と「次兵衛」が同一人物である、というように、用字の厳格性に欠けることや、また改名が一人の一生の間にたびたび行われるケースもあったことなどにより、**データの取扱いには注意を要する。

加えて、当時の調査員等の記録ミス、あるいは『南王子村文

＊パソコンの表作成ソフトexcel によるデータ一覧
＊＊新見吉治、前掲書、一〇四

書』への活字化（翻刻）に際しての「くずし字」の誤読なども考えられる。このような史料的なリスクがあったとしても、これらの文書には、当時の住宅や居住の様子を知る上で極めて大きな価値がある。

また「壬申戸籍」は、部落差別などの人権侵害の恐れがあることから、全国的には昭和四三年（一九六八）から閲覧禁止の法的措置が取られている。しかしこの南王子村の「壬申戸籍」は「部落解放理論の科学的研究に寄与し、完全解放の実現が一日も早からんことを祈念してやまない趣意」（序）から、昭和五一年（一九七六）に公刊された『南王子村文書』に収録されている文書である。以下の論述にあたってはこの「趣意」に沿うよう、また人権侵害にならないよう配慮して、文書を利用したつもりである。

なお戸籍の姓名のうち「姓」は、『南王子村文書』では「差別的利用を排し、しかも科学性を損なわないための配慮」（第一巻凡例）として、最初の一字のみを示してあるが、本書においてはそれを利用せず、「名」のみで論述している。

人口・戸数・職業——農業と職人と日稼業の村

明治四年現在、南王子村の人口は、男九八八人、女九九八人、計一九八六人を数えた。戸数は四一九戸（寺社それぞれ一戸を含む）であり、内訳は、持家七九戸、借地一五四戸、借家一八六戸である。* 一戸あたりの平均人数は四・七人で、この数値自体は、他の

＊『南王子村文書』第一巻、九五

表11
「職分」別戸数

農	180
工	149
商	30
雑	65
(僧侶)	1
計	425

表12　記載職業別戸数

		同種職業の記載(数は左に含めた)
農業	92	
雪踏等職業	39	…草履表職業、雪踏細工、下駄歯替、鹿皮鞄職業
雪踏等商業	27	…雪駄商業、下駄花緒商業、竹皮商業、諸商業
髪月代職業	6	
白楽業	4	…牛博労商業、牛博労渡世
大工職業	3	
太鼓筒商	3	…太鼓筒仕入
按摩業	2	
その他	3	…(籠職業、古道具商業、諸商業、それぞれ1)
僧侶(西教寺)	1	
日稼業	213	…荷持業、仲仕
(不明)	32	
計	425	

農村部の平均数と大きな差はなかったと思われる。

職業は、「明治初期戸籍」では戸長を基準に調査しているが、それによると表11、表12のようになる。表11の「壬申戸籍」の「職分」と、表12の「辛未戸籍」の「具体的職業」には大きな差が見られるが、これには次のような事情があったと考えられる。

すなわち、「具体的職業」の方がより実態に近いのであろうが、中央政府から求められる「職分」のうち、南王子村に該当する「農工商雑」に、あえて当てはめて住民(戸長)を分類すると、表11の数値にならざるを得なかったということであろう。南王子村には僧侶もいるが、屋敷番号二〇〇番の僧侶・了雅だけは、文書において職分を書き入れるべき箇所が空白であった。* 従って表には括弧書きで加えている。

表11と表12の、二つの表の間で大きく差が見られるのが、「農」と「工」である。「農」は九〇ほどの差、「工」も、表12の「…職業」の付いた「下駄表…」「大工…」「髪月代…」を「工」と考えると一〇〇ほどの差がある。これに対して「商」は、白楽業も商と数えると合わせて三四なので、三〇に近い数値である。

このような「農」と「工」における大きな差異に関しては、次のような背景があったと思われる。

南王子村村民の職業で特徴的なのは、「日稼業」が二一三と、実に全体の五〇%を占めることである。これに相当する職分は本来「雑」と思われる。しかし日稼業には主に、出作地を含めた農業手伝い的な仕事と、雪踏・下駄の製造に関わる仕事とがあり、このうち前者は「農」と言うことができ、後者は「工」に属すると言っても良いであろう。だから日稼業二一三には、職分において「雑」としたもの六五に加えて、どちらかと言うと「農」の者、どちらかと言うと「工」の者の、相当数ずつが含まれていると見てもよかろう。

よって、表11と表12を合わせて考えると、結論的には、農業九二、農業寄りの日稼業八八、職人（「工」的）寄りの日稼業一〇一、雑多な仕事での日稼業六五、職人四八、

＊『南王子村文書』第一巻、一七〇

商業三〇、僧侶一、と考えることが妥当であると思われる。

これらを総合すると、幕末・明治初期の南王子村は、農業者と職人を中核として、それを日稼業や商業が取り巻くといった形で、各々がこれらの割合で人口構成された村、と言ってよいであろう。元禄一一年(一六九八)の「一村立」の頃は、三五軒ほどの村民はほぼすべて農業者であったであろうから、その後一七〇年の間に、雪踏産業と出作・小作を牽引役として、戸数は一二倍ほどに、職業も多岐にわたり、住宅所有関係も次に述べるように、大きく変貌を遂げたのである。

住宅所有関係

明治四年現在の住宅所有関係*は、「明治四年戸籍下帳」を含めた「辛未戸籍」の分析によると、表13のようになる。前述の、戸数四一九戸、その内訳、持家七九戸、借地一五四戸、借家一八六戸とは若干の差異がある。その原因は、当時の調査員が戸主などから聞き採る際に、借地、借家の違いを、よく把握できなかったことにあるのではないかと思われる。従ってこの表の数値の方が、若干不正確なのであろう。

このような若干の不明確さは残るが、大方の傾向は表13によって把握できる。この表を見て分かるように、職業別の住宅所有関係の傾向は、大変明瞭に表れている。

まず全体を見て気がつく大きな特徴は、農村部の「村」でありながら、地主家(持

*所有状況から見た住宅の種類

表13　職業別住宅所有関係

	地主家	借地	借家	不明	計
農業	68	22	1	1	92
雪踏等職業		9	30		39
雪踏等商業	5	14	8		27
髪月代職業		3	3		6
白楽業		1	3		4
大工職業		1	2		3
太鼓筒商		1	2		3
按摩業			2		2
その他		1	2		3
僧侶	1				1
日稼業	1	72	134	6	213
不明	3	8	11	10	32
計	78	132	198	17	425

家）は七七戸で、全体の一八％に過ぎないということである。これに対して借地家が三一％、借家が四七％と、全戸数の実に八〇％近くが借地・借家層であり、まさに都市的な様相を示した「村」であると言っていいであろう。

農業は、地主家が多いのは当然だが、借地家や借家も二四軒あり、農業者のうちの四分の一が、借地・借家であったことが分かる。おそらくこれは、南王子村に特徴的な現象であると思われる。何らかの事情で、屋敷地や居宅の権利を、大きな農家や金融家などに譲らざるを得なかったのであろう。そうなったとしても買い取る者が村内におり、また潤沢にある借地や借家により、家を売ったとしても、居住の場は確保できたのだと思われる。

日稼業は、農業とは対極的に、借家が三分の二、借地家が三分の一を占めている。下駄・雪踏表を主たる職業とする者は、借家住まいが多数を占めている。当時、「雪踏表職業」と言うように「職業」を付ける場合は、職人、すなわち何らかの技術を生業にする者のことを指していたようである。江戸では職人の多くが裏長屋などの借家に住んでいたと同様に、南王子村においても、職人は借家暮しが多かったのである。

下駄・雪踏表の商業を主たる職業にしている者には、地主家の者もいる。この商業で成功して屋敷地を所有するようになったか、あるいは元は農業であった者がこの商いに転身したといったことが考えられる。

住宅規模

表10で見たように、「明治四年戸籍下帳」と「明治四年四月南王子村戸籍（辛未戸籍）」には、住宅の規模が記載されている。「居宅」（母家《おもや》）の「梁間*」と「桁行**」が書かれているのである。表14のうち「全体」の表に示すように、全住宅四二五戸の内三九八戸（九三・六％）において「梁間・桁行」の数値が記載されている。

庄屋住宅と寺院（西教寺）の庫裏***の数値の記載が文書に無いのは残念ではあるが、ほかの一般住宅の九割以上について数値データが得られることは、南王子村における住宅を分析する上において、貴重な手がかりとなる。

表のように、南王子村の住宅の最大は、梁間三間・桁行六・五間（以下これを「三間・六間半」のように略して記す）であり、最小は一間・一間半である。この最大から最

＊住宅の奥行き方向の長さ（通常）。
＊＊住宅の間口方向の長さ（通常）。
＊＊＊寺の住職やその家族の住まい

表14　住宅規模（梁間・桁行）別の戸数

全体		桁行（間）												
		1	1.5	2	2.5	3	3.5	4	4.5	5	5.5	6	6.5	計
梁間（間）	1		23	7										30
	1.5	1	11	78	57	23	9	3	1					183
	2	1		6	13	29	42	14	12	5	1		1	124
	2.5					5	10	6	13	15		1		50
	3						1		1	4	1	2	2	11
	計	2	34	91	70	57	62	23	27	24	2	3	3	398

不明：　27

農業		桁行（間）												
		1	1.5	2	2.5	3	3.5	4	4.5	5	5.5	6	6.5	計
梁間（間）	1													0
	1.5				2	3	2							7
	2				2	4	17	7	7	3			1	41
	2.5					3	3	5	9	11		1		32
	3								1	3	1	2	2	9
	計				4	10	22	12	17	17	1	3	3	89

不明：　3

日稼業		桁行（間）												
		1	1.5	2	2.5	3	3.5	4	4.5	5	5.5	6	6.5	計
梁間（間）	1		20	6										26
	1.5	1	10	51	39	18	4							123
	2	1		5	7	17	12	2			1			45
	2.5					2	3	1	1	2				9
	3									1				1
	計	2	30	62	46	37	19	3	1	3	1	0	0	204

不明：　9

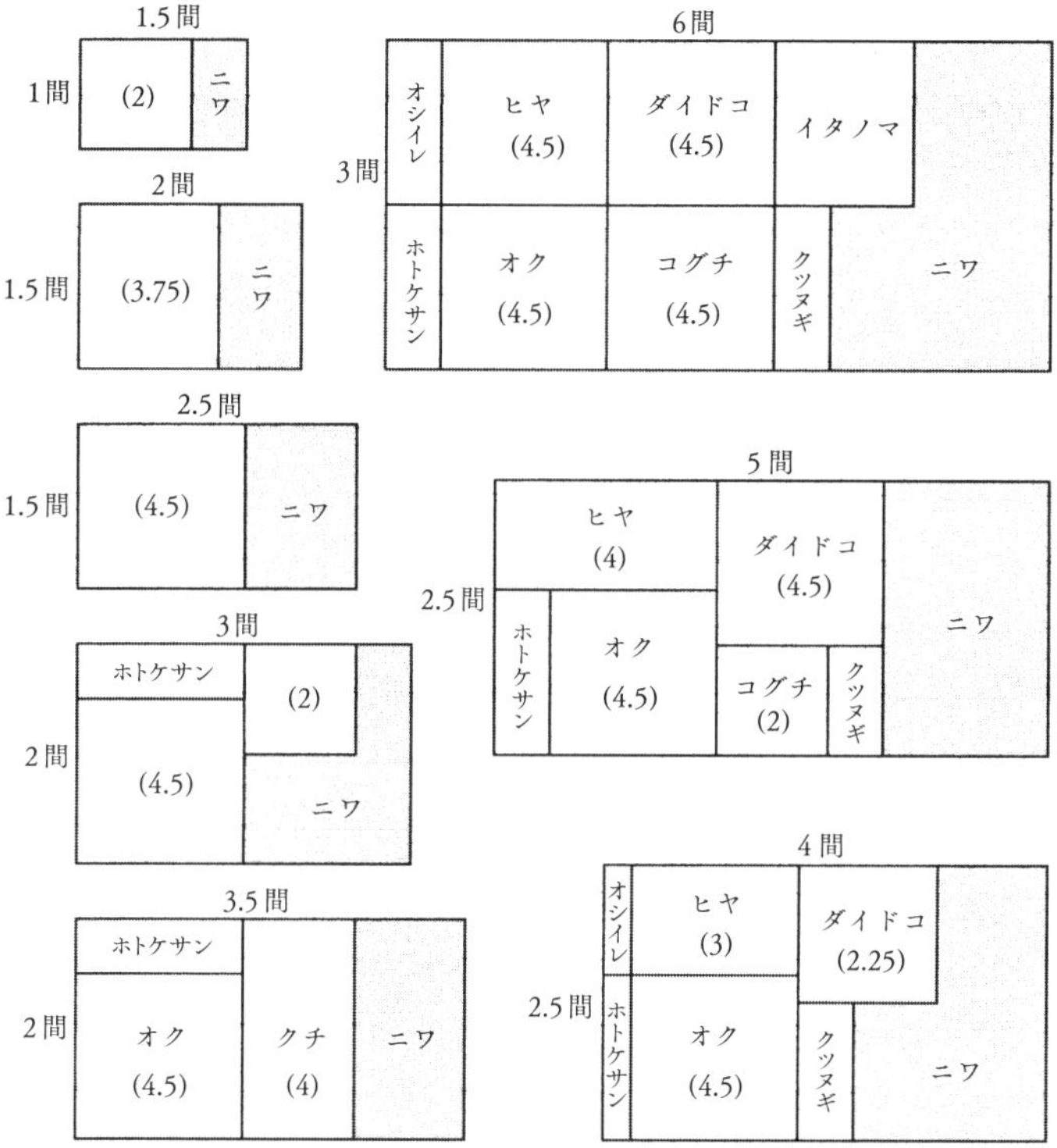

・室名などは、『被差別部落の民俗伝承』下巻、『日本の民家調査報告書集成 』第12巻を参考にした。
・ニワの北側寄りは「タノモト」と呼ばれ、「ヘッツイサン」（かまど）が置かれていた。
・「オシイレ」のことを「ゴゼンロク」と呼んでいた。
・カッコ付き数値は部屋の広さ（畳）を表す。
・2間×3間以上の住宅については、方角は上が北、ニワへの入口（大戸口）は南と想定した。

図17　南王子村の幕末における住宅間取＊

＊南王子村の近世の住宅は、基本的には平屋の戸建てまたは長屋建てであったであろう。他の都市などの商家で見られる通りニワを持った町屋は無かったと思われる。

小まで、南王子村に当時あった住宅の推定間取を図17に挙げる。この推定にあたっては、『被差別部落の民俗伝承（下巻）』を参考にした。*

最小の住宅では、二畳分の広さの居室と一畳分の土間（ニワ）があるのみである。それから大きくなるに従って、様々な部屋などが取れるようになる。しかし、村で最大の住宅でも梁間が二間なので、これを「田の字型住宅」とした場合、図のように、四畳半の部屋が四つしか取れない。当時としても他村に比べ、おそらくさほど大きな住宅ではなかったのであろう。

表14のうち「農業」に見るように、当然のことながら農業者の住宅は相対的に大きい。しかし農業といえども、最小で一間半・二間半の住宅もある。当時の母家は炊事などのために内部に土間があるのが普通であるから、それを除くと、この最小規模の農家は、畳または板敷きの床の部分が四畳半ないし六畳の広さしかないということになる。この場所で食事と就寝を行ったのであるから、かなり狭い住宅に住んだ農家もあったということである。

ちなみに、江戸の裏長屋を「九尺二間の棟割長屋」と言うことがあるが、これは間口一間半・奥行二間にあたるから、この最小規模の農家は、それよりわずかに大きな住宅に過ぎない、ということになる。

日稼業の人の住宅は、表14の「日稼業」の表のように、明らかに小さなものである。

＊部落解放研究所編『被差別部落の民俗伝承（下巻）』解放出版社、一九九四年、二六七

表15　敷地面積×建坪

		建　坪（坪）							
		1.5-2.25	3	3.75-4.5	5-7	7.5-10	10.5-19.5	不明	計
敷地面積	1-4 坪	19	16	9	1				45
	5-9	10	28	24	8	2			72
	10-19	4	24	26	26	11	2		93
	20-39	1	6	17	41	23	8		96
	40-59		1	4	12	8	9	2	36
	60-99				3	4	13		20
	100-				1	2	8		11
	不明	9	3	6	5	2	2	25	52
	計	43	78	86	97	52	42	27	425

最小は一間・一間半である。土間を除くと、畳または板敷きの居室が二畳の広さにしかならない。まさに極小住宅そのものである。

表15は、住宅規模（建坪）と敷地面積の関係をクロスして分析したものである。建坪は、梁間と桁行を掛け算して面積とし、その結果を六つのランクに分類した。敷地面積は「明治四年戸籍下帳」と「辛未戸籍」によって三七三戸（全体の八八％）が分かったので、それを七つのランクに分類した。それをクロス集計したのがこの表である。

当然のことながら、小規模住宅の敷地は小さく、大きいものは敷地も大きいと言える。

しかしここで注目しなければならないのは、小さな住宅ほど残余の敷地が小さく、すなわち納屋や物置などの付属屋を建てる余地が少なく、大きな住宅（母家）のものは、逆に残りの敷地も大きく、付属屋を建てやすいということである。大き

表16　居住人数と住宅規模（坪）

	1.5-2.25	3	3.75-4.5	5-7	7.5-10	10.5-19.5	不明	計
1人		2				3		5
2	11	6	5	6	3	3	7	41
3	8	16	13	17	9	5	9	77
4	5	17	24	21	9	8	6	90
5	7	14	15	20	6	4	1	67
6	6	10	12	9	12	6	2	57
7	2	9	11	10	4	3		39
8	1	1	3	8	6	7		26
9		2	2	4	2	3	1	14
10	3	1		1	1			6
11			1					1
不明				1			1	2
計	43	78	86	97	52	42	27	425

表17　住宅所有関係と住宅規模（坪）

	1.5-2.25	3	3.75-4.5	5-7	7.5-10	10.5-19.5	不明	計
地主家			2	16	23	31	5	77
借地家		7	34	60	25	6		132
借家	43	69	50	19	4	2	12	199
不明		2		2		3	10	17
計	43	78	86	97	52	42	27	425

表18　職業別住宅規模（坪）

	1.5-2.25	3	3.75-4.5	5-7	7.5-10	10.5-19.5	不明	計
農業			5	25	28	31	3	92
雪踏等職業	3	19	8	4	5			39
雪踏等商業		2	3	16	3	3		27
髪月代職業		2		4				6
白楽業		1	1		1	1		4
大工職業			1		2			3
太鼓筒商			2	1				3
按摩業	1	1						2
その他			1		2			3
僧侶（西教寺）						1		1
日稼業	38	51	62	40	8	5	9	213
不明	1	2	2	7	3	1	15	32
計	43	78	86	97	52	42	27	425

なものは農家が多いから、その必要性もあったのではあろうけれど、とくに極小住宅に住む日稼業の家族の住生活は、次の章にも見るように、まことに余裕のないものであったことが分かる。

同じことは、表16にも見ることができる。この表は、住宅規模と居住人数をクロスしたものであるが、これを見ると小さな住宅に少人数が住み、大きな住宅には大人数、ということには必ずしもなっていないことが分かる。むしろ、建坪一・五坪から二・二五坪の「極小住宅」に一〇人もの人が居住している例が三世帯あるなど、厳しい居住実態をこのデータは示している。これらの具体的な事例についても、次の章で詳述することにしたい。表17、表18は、今までの検討からすでに明らかな傾向を、再度示すに過ぎないものであるが、ただ、同じ下駄・雪踏表に携わる家でも、職業（技術職人）と商業の間には住宅規模に差が見られ、商業のほうが大きい傾向があることには着目する必要があろう。

第七章　居住の状況——明治初期を事例に見る

前章では、「明治初期戸籍」から知りうる南王子村の住宅の様子を、数値データの側面から明らかにした。この文献からは、それに限らず、各家族の住宅と居住の様子を、一つひとつ事例的に明らかにすることもできる。

本章ではそうした個別の事例について、極めて小さな住宅に多くの家族が住む極小住宅層と、比較的大きな住宅に住む余裕住宅層、あるいはその他の階層別に検討し、幕末・明治初期の南王子村における村民の居住状況を明らかにしたい。

極小住宅層

南王子村で最も小さな住宅は、建坪一・五坪（一間・一間半）である。この規模の住宅が第六章の表14（一六四ページ）の「全体」で見たように二四戸ある。次いで二坪（一間・二間）八戸、二・二五坪（一間半・一間半）が一一戸である。以上の三つの一番小さいランクを「極小住宅」と呼ぶことにする。その合計は四三戸、村内の全住宅の一〇・八％に相当する（規模不明を除く）。このすべてが借家である（表17〔一六八ページ〕）。

この規模の住宅に住んでいるのは、ほとんどが日稼業である（表14の「日稼業」、および表18〔一六九ページ〕）。ここでは建坪一・五坪という最も小さい住宅について、居住人数からして特に厳しい住宅事情に置かれていると思われる四戸の居住状況を、詳しく見てみる。

①多七宅*

極小住宅のうち、居住人数が一〇人という家が村内に三戸あり、そのすべてが一・五坪の最小の住宅に集中している。その一つが多七宅であり、この家は敷地も三坪と、最も小さい所に住んでいる。

日稼業の多七二五歳は、戸主を父宇吉四七歳から引き継ぐ時に、多助から多七に改名している。そして、父と、母四六歳、妻一九歳、長男三歳、長女二歳、弟一四歳、妹八歳、二妹五歳、叔母三七歳の、計一〇人が、地主庄三郎、家主五郎平の、建坪一・五坪の借家に暮らしている。

当時の住宅の常として土間は付いていたのであろうから、床敷きの部分は、畳数にして二畳ということになる。しかし、これではとても一〇人を収容し、就寝できる広さではない。敷地も三坪しかないから、付属屋があったとしても、その広さは二畳がせいぜいであろう。

＊『南王子村文書』第一巻、三一、三五六

従って多七の家族の場合、想像できるのは、居宅の方の二畳に多七夫妻と長男、長女の四人が寝起きし、付属屋が二畳あったとして、そこに父母と妹、二妹の四人、この計八人がこの敷地内に暮らしており、弟一四歳と叔母三七歳は、年齢からして、他に奉公に出ているといった所ではないであろうか。

すなわち弟と叔母は、籍だけをここに置いて寝泊りなどは奉公先など、と考えるのが妥当のように思う。ただ敷地三坪に八人としても、相当な過密居住であることに変わりはない。

②嘉松宅*

嘉松三〇歳の家も建坪一・五坪であるが、敷地は六坪と、多七宅よりも少し余裕がある。ただし職業が「日稼業」ではなく「鹿皮靼**」であるから、鞣《なめ》し工程のうちどのような段階をこの家で行っていたかにもよるが、その作業や資材保管の場所も必要だったと思われる。

従って、敷地六坪が丸々、家族の収容と就寝のためだけに使われていたわけではないであろう。とはいえ居住の厳しさは、次に述べるような家族構成から言って、多七宅ほどではなかったと考えられる。

嘉松の居宅は、地主、家主ともに治平の借家である。この住宅に、妻二七歳、長女二

*『南王子村文書』第一巻、一三五、二七三、三三七
**鹿皮は雪駄や下駄の高級な花緒として使われていた

歳、二女一歳、母五一歳、弟二五歳、二弟一九歳、三弟一四歳、妹二七歳、二妹二二歳と、計一〇人が住んでいることになっている。弟、妹の五人は年齢からして、籍だけをここに置いて、寝泊りなどは奉公先など、と考えることもできよう。あるいはこのうち何人かは、付属屋に起居していたのかもしれない。母は、付属屋のどこかで起居していたものと思われる。

嘉松の仕事の皮鞣しは、熟練を要するものである。戸籍上の職業が「工」となっていることから考えると、嘉松家は代々、この仕事に携わってきたのであろう。こうしたことからすると、妻、母、弟、妹のうち幾人かも、この仕事の工程に携わっていたと思われる。

③常平宅*

常平四一歳の家主・地主は、後の「余裕住宅層」のところで述べる弥三八である。住まいの建坪は一・五坪、敷地面積は不明である。ここに、妻三八歳、長男一九歳、二男一六歳、三男四歳、長女一三歳、二女九歳、弟三二歳、姉四九歳、二姉四五歳と、常平の計一〇人が暮らしていることになっている。

一・五坪にこれだけの収容は不可能である。敷地面積が不明なので付属屋がどうなっていたか分からないが、付属屋に分散していたのかもしれない。あるいは今まで述べて

*『南王子村文書』第一巻、三四三、五四六

きたように、四歳の三男、九歳の二女を除いては、籍だけはここに置いて、寝泊りなどは奉公先などということも、ありうる話である。

④政治郎宅*

今まで見た建坪一・五坪の三軒の住宅は、梁間一間・桁行一間半であった。これに対して政治郎宅は、梁間一間半・桁行一間である。これはこの家が下屋《げや》であることに理由があるのであろう。記録には「岸次郎居宅続下屋ニ而御座候」とある。すなわち、岸次郎の居宅の母家に続く庇の場所に生活していたのであろう。

母家の方の岸次郎は雪駄表職をしており、七坪の借地（地主は久七）に二間・三間半の住宅である。政治郎の家主は惣一郎とあるから、住宅の所有関係において、岸次郎との関係は、複雑である。政治郎宅は「下屋《げや》」であるから、その所有する敷地はゼロということであり、従って付属屋を持つことはできない。

この住宅に日稼業の政治郎四五歳は、妻三九歳、長男二二歳、二男一五歳、三男五歳、四男三歳、五男一歳と、計七人で住んでいる。長男、二男は、年齢からしても、付属屋もないこの極小住宅に同居しているとは、とても思えない。奉公などで別の所に起居していると考えるのが自然であろう。

ほかの五人、夫婦と三男、四男、五男は、共に住んでいると考えざるを得ない。下屋

*『南王子村文書』第一巻、一二六、二九〇、四四六

といえども、おそらく土間はあったであろうから、床の部分は二畳の広さになる。ここに夫妻と幼児三人が生活していたのであろう。

村内無農地の農家

南王子村の村内に農地を所有していた「高持百姓」のうち、何らかの理由で農家経営に行き詰った者は、最終的には村内の農地を手放したり、あるいは屋敷地近辺に農地を所有している場合は、膨らむ住宅需要を背景にして、それを貸地、貸家に転換したりすることもあったであろう。

このようにして南王子村では、明治初期の頃は村内に農地を持たない農家が多数出てきていた。このうちの多くは他村に出作地を所有し、村内農地の消滅を穴埋めしていたが、この出作地すら持たない農家も現れた。

このようにして、村内に農地を持たない農家、あるいは出作地を含め農業生産にまったく関わらない農家が出現したが、村内に貸地、貸家を所有しているかぎり、そこには石高（年貢）が伴う。こうした仕組みから、村内に農地がないのに職業としては「農業」とし、あるいは時には「高持百姓」を名乗る、という状況が生まれていたようである。

以下に、こうした例の幾つかを述べる。なお、村内に農地も貸地、貸家も持たず、かつ出作地も持たなくなった農家は、いわゆる「潰れ百姓*」であって、その多くは「日稼業・無高」などを名乗らざるを得なくなったであろう。そうなった場合にも南王子村にはそれなりに仕事はあり、生計は何とか維持できたことであろう。

① 与四郎宅**

与四郎二六歳は、四八坪の敷地の中に、一間半・三間の、農家としては小さな住宅に、妻、長男、長女と四人で暮らしている。ほかに貸屋敷地二カ所、合わせて五〇坪を所有している。農地は、村内にも出作としても持っていない。

従って、実態としては農家ではなく、本人も日稼業などに就いていたと思われるが、壬申戸籍における職分は「農」、「明治五年戸籍下帳」の記載も「農業」となっている。おそらくは、比較的最近の代において農地を取り崩し、残った持家と貸屋敷の計九八坪（石高四斗五升七合）でもって、かろうじて名目を支えていたのであろう。伍長の役職を担っているから、それなりに信頼を寄せられていた人物と思われる。

② 七太郎宅***

七太郎二一歳は、職分は「農」であり、「明治四年戸籍下帳」に職業の記載はないが、出作地として農地を所有しているので、農家の範疇に入るであろう。その出作地は、池

＊江戸時代、年貢滞納や飢餓・災害などで破産した百姓（『岩波日本史辞典』一九九九年、七八五）

＊＊『南王子村文書』第一巻、一〇一、三一五、三六五

＊＊＊『南王子村文書』第一巻、二六〇、三一三、五三二

上村に五畝九歩、尾井《おのい》村に一反十五歩、石高は合わせて二石一斗九升三合である。村内には土地を所有しておらず、居宅も嘉五郎を地主とした借地にある。この借地は七坪であり、一間半・二間半（建坪三・七五坪）の住宅に住んでいる。この建坪は、南王子村の農家のなかでは最も小さい。

その小さな住宅（土間を除くとおそらく四畳半か六畳のひと間）に、姉三二歳、妹一七歳、二妹一三歳、同居人の女四二歳、その倅一五歳、同娘二〇歳と、計七人で住んでいる。想像してみると、女五人はこの住宅のひと間に起居し、七太郎と同居人の倅の男二人は、付属屋にでも住んでいたのであろうか。

出作地としての二石余はあるものの、農家としてはかなり追いつめられた状況にあったと見ざるを得ない。農業を行いつつも、雪駄表作りなどの日稼業や奉公仕事などで、家族全員が生産労働に就いていたものと思われる。なお明治四年段階では、母きぬが七郎右衛門後家として戸主に名を載せているが、明治五年にはその名はなく、七太郎が戸主となっている。

③作十郎宅*

これらの与四郎や七太郎とは違い、作十郎五一歳は、まだ少しは余裕があったと思われる。村内に農地はないが、自宅の敷地六五坪と貸屋敷地三カ所計三四坪を所有し、王

＊『南王子村文書』第一巻、一〇、一三二、二九七、四二五

子村と池上村に出作地を計三反一畝一八歩、高四石六斗三升五勺を所有している。職分は「農」、「明治四年戸籍下帳」の記載も「農業」であり、伍長を務めている。

居宅は二間・三間。この建坪六坪の持家に、長男一八歳、二男一六歳、妹四九歳、その息子二一歳、その娘一五歳の、計六人が住んでいる。二、三年前は、これに加えて女四人が住んでいたが、そのうち三人は嫁ぎ、一人は死亡している。このように大勢な者でも、敷地六五坪があれば、付属屋に起居したり、あるいは住み込みの奉公に出たりで、なんとか凌ぐことができていたのであろう。

商業者

南王子村は、第三章で述べたように、食品、雑貨など、多種にわたる商いの店が村内にあったことが特徴である。「明治四年戸籍下帳」には、それらの多種の商いについての内容は記載されておらず、南王子村の代表的産業である雪踏・下駄の商いに関わった者、牛馬の商いに関わった者、それに太鼓筒の商いのみが記載されている。

このうち太鼓の商いは三軒あるが、いずれも住まいは借地・借家で小さく、暮しは楽ではなかったようである。ほかの、雪踏・下駄、牛馬について、その代表的なものを以下に述べる。いずれも住宅や敷地の規模が比較的大きく、比較的余裕のある生活であったことを窺うことができる。

① 栄三郎宅*

栄三郎四三歳は、「壬申戸籍」における職分は「農」であるが、「明治四年戸籍下帳」の記載は「下駄雪踏商業」であり、農地や貸地・貸家は持っていない。しかし、九六坪という比較的大きな宅地を所有しているところを見ると、比較的最近の先祖までは農業を行っていたのが、何らかの事情で、雪踏・下駄の商いに転じたのであろうと思われる。

この敷地に、二間半・四間半の、村内でも大きい部類に属する住宅を持っている。ここに最近までは一〇人が生活していた。最近、母と長男を亡くし、長女が嫁ぎ、四男が生まれたので、明治五年現在は八人の核家族となっている。一〇人といえども、この居宅と、九六坪の敷地内にあると思われる付属屋があれば、十分に収容できたであろう。なお栄三郎は、伍長を務めている。

下駄や雪踏の商業は、下駄や雪踏の完成品や、下駄表、雪踏表、花緒などの半製品や材料などを商いの対象としていたのであろう。職人が作ったものを集め、それを流通させる仕事の中で稼ぎを上げていたと思われる。従って、それらを集積するための場所が敷地内にはあったのであろう。そして時には渡辺村や「せきだや丁」（第二章参照）などへも、伯楽《ばくろう》や仲仕などの運送業を頼んで、商品を持っていったものと思われる。

＊『南王子村文書』第一巻、六八、一六八、二九三、四三九

②長五郎宅*

長五郎四八歳も栄三郎同様、職分は「農」であるが、「明治四年戸籍下帳」の記載（二ヵ所）は「下駄草履職商業」「下駄・雪踏商業」となっている。しかし栄三郎とは違い、尾井村に一反一七歩（高一石七斗五升）の出作地を所有し、村内に貸屋敷地二カ所がある。また一畝の畑を、村内に借地している。

住宅は、敷地五四坪に、栄太郎と同じ規模の二間半・四間半の母家がある。この住宅に、妻、二男二女、伯母、同倅、同娘の、計九人で暮らしている。住宅や敷地の広さから言って、付属屋も含めれば、収容可能な人数であったであろう。出作地で小農業を営み、少ないながら貸地をし、そして前に述べたような下駄・雪踏の商いの手配りもするという、多忙な暮しであったであろう。住まいには若干の余裕があるが、よく働く、あわただしい毎日であったと想像される。

③亀四郎宅**

亀四郎二九歳は「竹皮商業」に携わっており、職分も「商」である。竹皮は雪踏表や下駄表づくりの基本的な素材である。亀四郎が携わった仕事は、この竹皮を集め、表職人などに届ける商いであろう。時には竹皮の不作の年もあったりして、***そうした中での商業は、苦労の多いものであったと思われる。

*『南王子村文書』第一巻、一九三、二七〇、三三五
**『南王子村文書』第一巻、二九一、四一六、四一九
***『ある被差別部落の歴史』一一二

亀四郎は出作地を王子村に七畝二五歩（高一石二斗一升四合二勺）持っているから、純粋の商業者ではない。家族は妻、一男一女との四人暮らしである。宅地四一坪と居宅（一間半・二間）は、兄源二郎三八歳からの借家である。

この兄の職分は「農」。九〇坪の持地に、二間半・五間の住宅、「蔵壱ケ所、牛壱疋」を持ち、王子村、尾井村、伯太村、池上村に合わせて八反一畝二〇歩（高一一石六斗二升九合六勺）の出作地を持ち、加えて村内の六カ所に計一〇〇坪の貸屋敷地を持つという、かなりの農家である。この貸屋敷の一つを、亀四郎は借りているのである。兄は出作ながらも農業を継続させ、弟は商業方面へ転身していったということが分かる。

④半四郎宅*

半四郎五一歳は、職分は「農」だが、「明治四年戸籍下帳」の記載は「牛博労渡世業」となっている。『ばくろう（伯楽、白楽、博労）』とは本来、馬の鑑定、馬の病気の治療、馬の売買・斡旋をする人のことであり（『広辞苑』第六版）、馬を対象とした職業である。半四郎の言う「牛博労渡世業」とは変な言い方であるが、おそらく戸籍調査の際に本人が「牛博労渡世」とでも言ったのであろう。それをそのまま調査員が、下帳に書きとったものと思われる。

この半四郎のほかに村内には「牛博労商業」「牛博労業」各一軒と、牛に限定された

* 『南王子村文書』第一巻、七九、二八四、三八九、四四二

記載が都合三軒見られる。ほかの「白楽業」の記載一軒を含めると、牛や馬を扱う職業は村内で四軒あったことになる。

半四郎は農地を、出作を含めて持っていないので、何代か前に農業をやめたものと思われる。宅地は借地で、面積三九坪。居宅は二間半・五間と、大きいほうである。ほかに「牛家壱間半・四間」（建坪六坪）がある。四、五頭の牛を保管できた大きさであろう。妻、二男二女と六人で暮らし、すでに娘二人を嫁がせている。

余裕住宅層

①庄屋・戸長―利平治宅*

比較的余裕のある住宅に居住する階層として、まず思い起こされるのは庄屋である。しかし残念ながら「壬申戸籍」以外には記録はなく、従って庄屋の住宅に関して知る手掛かりはない。庄屋は行政機構の末端的機能を担い、自宅が役場機能も兼ねている「役宅」でもあることから、記載がなされなかったのであろうか。

なお明治五年は、明治政府により庄屋制度から戸長制度への切替えがなされた年である。南王子村関係の文書では、この明治五年の前半にはまだ「庄屋」の名称が使われ、六月ほどから「戸長」に切り替わっている。

さて、明治五年に庄屋・戸長を務めていたのは利平治である。当時四二歳。庄屋を務

＊『南王子村文書』第一巻、九八

めた亡父利右衛門*の二男である。同居の家族は、妻三七歳、二男七歳、二女四歳で、四人住まいである。

利平治の資産に関し明らかなことは、敷地面積が六坪（二〇㎡）前後の貸家一〇軒を、自宅に隣接して保有していることのみである。隣接しているというのは、この貸家の屋敷番号が利平治宅と連続していることから推定できることである。

利平治の先祖の利右衛門家は「この村きっての名門であるとともに、村内ではつねに一、二を争う大高持でもあった。その持高は寛延三年（一七五〇）の時点で二五石二斗八升一合と村高の一八％を占めるほどであった」という。**その後、分家による分譲などにより持高を減らしはするが、基本的に村内の高い順位を保ってきていた。

利平治の長男亀太郎一七歳は、村の有力者喜八の長女このゑ一七歳を妻とし、庄屋見習として、父利平治の家の隣りに居住している。この「隣り」というのも、屋敷番号が連続していることからの推定である。亀太郎宅には同居人として、縁者の六〇歳の男がいる。

庄屋の父とは違って、亀太郎に関しては住まいや農地のデータが「明治初期戸籍」に残されている。***その住宅は、二間・二間半で、敷地面積は記載されていない。村内に九畝二一歩の田、王子村に四反六畝七歩の出作地（田）を所有している。また、一七坪前後の敷地の貸家を二軒と、貸地二カ所を村内に所有している。これらの田や資産は、彼

＊利右衛門（または理右衛門、先祖は源太夫）の家は、確かめられるだけで少なくとも延宝七年（一六七九）からは、七年間ほどを除き代々庄屋を務めている。

＊＊『ある被差別部落の歴史』四四

＊＊＊『南王子村文書』第一巻、二三七

の年齢からして、父親から譲り受けたものであろう。他の余裕住宅居住層に比べると、見習のせいか、比較的小さな住宅である。

なお亀太郎は、妻このゑとはじきに離別し、明治七年に、当時村内最大の地主・家主である由太郎（後述）の長女むめのを妻とし、この妻との間に、明治一七年までに三男三女をもうけた。

この明治一七年の頃には亀太郎は別の住宅に移っており（屋敷番号から推定）、父利平治、母ちかと同居している。明治一二年、彼が二四歳の時に家長を相続した。*この頃に戸長などの村の要職に就いていたかどうかは、定かではない。

②西教寺

西教寺（写真16）は浄土真宗西本願寺の寺院で、すでに古屋敷の頃にはあり、寛文一〇年（一六七〇）には寺格を許された。**その後、前述の「一村立」と同時に南王子村に移転し、この明治初期当時にかけて、あるいはおそらくその後も長期にわたり、南王子村村民全員の旦那寺であった。

江戸時代、その境内や建物は、宗教的な行事のほかに、宗門改め、年貢の検収、火事で焼け出された住民の避難所や火元人の謹慎の場、などの行政的な機能にも使われた。また修繕や再建費用を村が負担するなど共同財産的な位置づけもあったようである。こ

＊『南王子村文書』第一巻、七〇二
＊＊『ある被差別部落の歴史』一八六

写真16　現代の西教寺　（2009年2月撮影）

のこともあってか、「明治初期戸籍」には、庄屋と同様、所有する敷地や建物に関する記載はなされていない。

元禄一一年（一六九八）に南王子村が王子村の地域（除地屋敷）から移住し一村立した時には、西教寺も村の中心部に移ったが、その時の境内の面積は三畝一五歩（一〇五坪）であったと思われる。正徳三年（一七一三）の「和泉国泉郡南王子村諸色指出帳」においても、「境内百五坪」と変わらないが、「古来より除地ニ而御座候故、拾七年以前寅ノ年地替仕候得共、御高四斗九升御引被下候*」、すなわち、移住前の除地屋敷時代は、村全体が除地であったのが、移住に伴って村全体は年貢地になったけれど、寺の境内については四斗九升（境内の石盛高）を差し引いてよい、という措置がなされた。すなわち西教寺の境内だけは年貢を免除されたのである。

寛政元年（一七八九）の「御検地碁盤絵図」や翌年の「明細帳」によると、境内の面積は一八間×五間五尺一寸で、同じく三畝一五歩であるが、「但し御年貢地ニ御座候**」

* 『奥田家文書』第一巻、三
** 『奥田家文書』第一巻、一九

となっている。この頃には、境内にも年貢がかけられるようになっていたのであろう。この絵図には、西教寺の境内にあたる場所の名請は「若太夫」とある。

境内の建物に関しては、当初は本堂の大きさのみが記録に残っている。移住当時は三間・六間である。* 文化五年（一八〇八）の再建では、三間・七間、下屋庇《げやびさし》東西に一間、沓脱《くつぬぎ》半間と、若干大きくなっている。天保二年（一八三一）には、この本堂に加えて、庫**裏三間・七間、門三尺五寸・七尺が記録されている。***

さて「明治初期戸籍」には西教寺そのもののことは書いていないが、書かれた名前からして、了雅が住職であることが分かる。この了雅は亡父覚音の長男で、明治五年当時、五九歳である。「明治初期戸籍」には、了雅と妻、長男、二男、三男、三女、四女の家族の記録が残っている。**** 居宅（庫裏）の規模は記載されていない。

了雅の弟、了三郎五六歳は「分家」とされており、五八坪の敷地の家に、妻、長男、二男と住んでいる。***** 住宅規模の記載はない。職は農業となっているが、農地の記載はなく石高は不明である。二二坪から四〇坪にかけての貸地を六カ所と、一間・一間半の貸家二軒を所有しており、これが了三郎の重要な収入源であったとみられる。

了雅のもう一人の弟、了治郎四八歳も「分家」であり、住宅や宅地、農地の様子は不明である。屋敷番号が了三郎と連続していることから、****** この次兄の隣家に住んでいたと考えられる。妻帯はしていないらしく、了雅の長女、二女、すなわち姪二人と同居して

* 『奥田家文書』第一四巻、七三三

** 寺の住職・家族の住宅

*** 『奥田家文書』第一巻、三三

**** 『南王子村文書』第一巻、九三、一七〇

***** 『南王子村文書』第一巻、九〇、一九一、三〇七

****** 『南王子村文書』第一巻、一九一

いる。次兄と違って、貸地などの資産はないようである。生計は、寺の仕事を手伝うなどして、長男で住職の了雅に頼っていたのであろうか。

③五平宅*

庄屋、寺院に関しては、その住宅規模は、前に述べたように分からないが、その他の一般住民の住宅規模は第六章の表14（一六四ページ）に見た通りである。最大は、三間・六間半であり、これが二軒ある。

このうちの一軒は万平宅であるが、これに関しては疑問がある。万平は田を村内に一反二畝六歩、出作で尾井村に九畝十二歩所有する地主家であるが、住宅敷地の記載が「田屋敷八歩」**と狭く、三間・六間半の規模の住宅が入る広さとはとても思えない。この八歩の石高は「三升八合」と記載され、これはおよそ正確なので、八歩も誤記ではないであろう。ほかに借地をもっていたような記録も見当たらない。

従って「梁間三間・桁行六間半」は、もとの文書の誤記であるのか、あるいは元の文書（毛筆のくずし字）を解読する際に誤ったか、のどちらかであろう。いずれにしても、表の上のデータとしては残しておくが、事例として紹介する対象にはしないことにする。

そしてもう一軒が、五平宅である。五平宅は、屋敷地も南王子村の中で最大で、一八九坪である。「蔵壱ケ所」があるとされている。***敷地規模からいって、蔵のほかにも納

*『南王子村文書』第一巻、三〇、一四〇、三五五
**『南王子村文書』第一巻、四一一
***『南王子村文書』第一巻、三五五

屋などの付属屋があったと思われるが、その記載はされていない。

ちなみに「四年戸籍下帳」と「辛未戸籍」の全体にわたって、居宅の梁間と桁行、蔵の箇所数、牛の疋数は記載されているが、納屋などの他の付属屋に関する記載は一切ない。戸籍の調査にあたって、資産を象徴する蔵や牛は記載するが、ほかは記載が求められなかったからであろう。

ところで、この五平家に関しては、五平の父、五代目五兵衛当時の住宅の様子を「質物証文之事」という文書*などから知ることができる。安政五年（一八五八）現在の様子である。

五兵衛家は三代目と四代目において、雪駄の製造や商業、村内金融を通じて南王子村最大の富家となり、村政においても「大入縺れ」や「庄屋・代役不帰依」といった村方騒動の中心人物となり、一時は庄屋役に就くなど、権勢を誇った農家である。**

このように隆盛した五兵衛家も、五代目の末期の安政五年になると、「質物証文」を出して借金をせざるを得ないほどの状態になっていたようである。

その「質物」は、五兵衛家が所有していた敷地の一部と居宅である。当時の南王子村随一の農家の住宅の様子ばかりでなく、不動産取引の状況もこの「証文」から分かるので、少々長い引用だが、詳しく紹介することにする。

質物証文之事

＊『奥田家文書』第一一巻、九七一

＊＊『ある被差別部落の歴史』四四〜五〇、一四八〜一六一に詳しい

一、居屋敷　中田四畝二十四歩　分米六斗七升五合　この居屋　敷の四方は、東ハちへの屋敷、西ハ西教寺の田地、南ハ五兵衛の屋敷、北ハ溝で限られている

一、居宅一ケ所―五兵衛居住の家　梁間三間半・桁行七間半　但し裏側西一間の下ろし庇（下屋か）があり、（桁行）七間の間は総瓦葺、建具・襖・戸障子・張天井・家付畳（はそのまま）そのほか樹木並びに（庭）石類は家付きの状態、雪隠（便所）もあり、釘付の分も残さず姿のまま有り

一、北に棟続きの納屋一ケ所―右同断、梁間三間・桁行二間　瓦葺　但し戸前側板敷張り、居石は姿のまま有り

一、北に土蔵一ケ所―梁間二間・桁行二間半　置屋根（蔵の本体から分かれて屋根が置かれた形式）瓦葺　但し戸前間戸側板敷板、居石も残さず

一、門長屋（長屋門）一ケ所―梁間一間半・桁行二間　瓦葺　但し戸前門戸くぐり戸付き

一、表に納屋一ケ所―梁間一間一小前（一間の前に少し小庇でも付いているか）・桁行五間　但し戸前右のそれぞれの建物に付き添品書き（備品一覧か）が残っているが住居は姿のまま有り

一、土蔵一ケ所―梁間二間・桁行二間半　瓦葺　但し二階建て本戸前付き、鉄窓・

高塀付添い姿のまま有り、立山（築山か）・敷石一切（も質物）

一、銅流場都合（合計）二十八間

右の書き物の通りに我ら所持していましたが、この度銀子《きんす》入用の儀があり、来年未年の正月を期限とした質物としてそちら様へ差し入れ、銀子二貫目*を残らず確かに受取り借用したこと間違いございません。しかる上は、この年季中、母家や諸建物を残らずお渡し申すべく筈のところ、双方合意の上、私が直々に借宅し（借家する形にし）、屋敷を年季中にお渡しする場合は、年貢や諸役も我ら相勤め、家賃銀と作徳米代銀として一ケ月に銀子二十匁**ずつ相添えて元利返済し、質物を受け戻すべく申し上げます。もし期日に至り、元銀並びに家賃・作徳米が相滞るようでしたら、右の質物の品々を帳切（質流れのことか）にし相違なくお渡ししますので、いかようにも貴殿のご勝手次第にお取り計りください。

　その時に至りましたら一言の申し分もございません。もっとも、質物の内に故障ができてきましても、前書の通り質物を差し上げた上は、そちら様に損難をお掛け致しません。この質物については、自他の差し構い（すでに抵当設定がされている等のことと思われる）は毛頭ございません。かつまた、居屋敷年貢の未納銀や拝借銀などもございません。この後にできてきた場合も、いささかも申し立てるものではございません。

*銀一貫を現在高の一三五万円ほどとすると、二七〇万円ほど。
**二万七千円ほど

後日のため質物証文にします。よって件の如し。

質物差入銀子借用主　南王子村　五兵衛　印

安政五午年正月

池上村　儀兵衛殿

前書の通り相違ございませんので、奥印仕ります。以上　庄屋　利右衛門

安政五午年五月相済

この建物・敷地が質物になった安政五年（一八五八）は、五代目五兵衛が家長にあった最後の頃であり、銀二貫目の用立てにも困るほどに家計は傾いていたのである。この文書の末尾に「安政五午年五月相済」との書き込みがあるところを見ると、借入銀は五カ月ほどで完済し、この建物・敷地は無事に確保し続けたようである。

母屋は、三間半・七間半とあるから、息子の五平の「三間・六間半」よりも父の頃の方が大きかったのであろうか。建物は、母屋、納屋一カ所、土蔵二カ所、門長屋であり、そのすべてが瓦葺である。

ところで、この「質物証文」の書かれた安政五年は、前に第三章の図11（九〇ページ）で示したのと同じ年である。このことから、この五代目五兵衛の屋敷は、その場所を特定し、形状も推定できることが分かった。質物になった五兵衛の「中田四畝二十四歩」は、探したところ十七ノ坪にあり、それは図12（九六ページ）と表5（九七ページ）の「77」に該当しているのである。その敷地を図18に示す。

ところが、この敷地であるとすると、次の三つの矛盾点が生じてきてしまう。

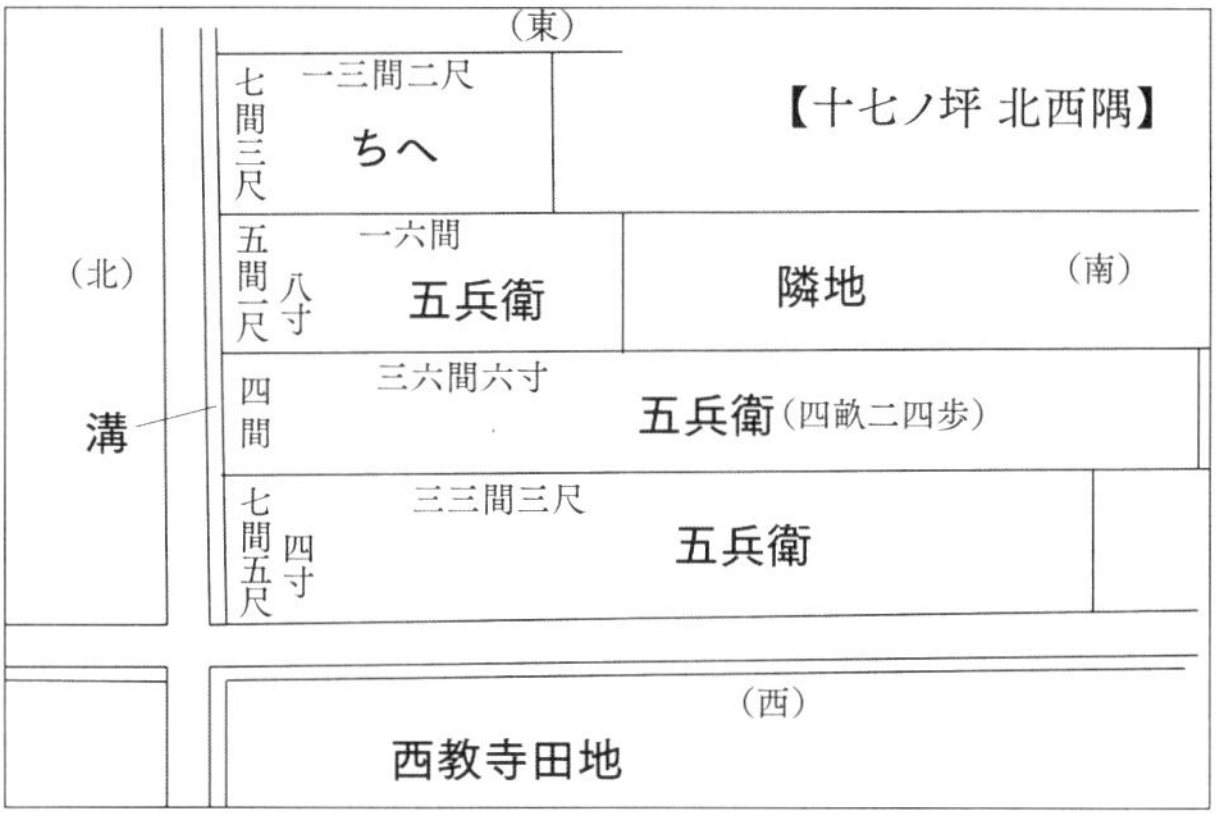

図18　五兵衛宅の本来の敷地割

①寛政元年の「屋舗絵図」ではここが屋敷地の内に含まれていないこと。

②敷地形状が間口四間・奥行三六間六寸の短冊形で、この質物の建物群が収まるような形状ではないこと。

③敷地の四方のうち三方が「質物証文」に書かれている「東ハちへ屋敷」「西ハ西教寺田地」「南ハ五兵衛屋敷」のようにはならないこと。

しかしこれらの矛盾点は、次のように考えることで解消できるのである。

①の点は、天保一五年（一八四四）三月の「田畑屋敷持主有所書訳帳」において、この敷地（字十七ノ坪久兵衛名請、中田四畝二四歩）は屋敷地として書きあげられており、* この土地のあたりは安政五年時点では、すでに宅地化されていること。

②③の点については、77・78は五兵衛の所有なので、79の一部の五兵衛所有分二畝二五歩を最も北寄りと考え、図19のように敷地割を変更すれば、この矛盾点も解消できる。

*『奥田家文書』第七巻、八七八

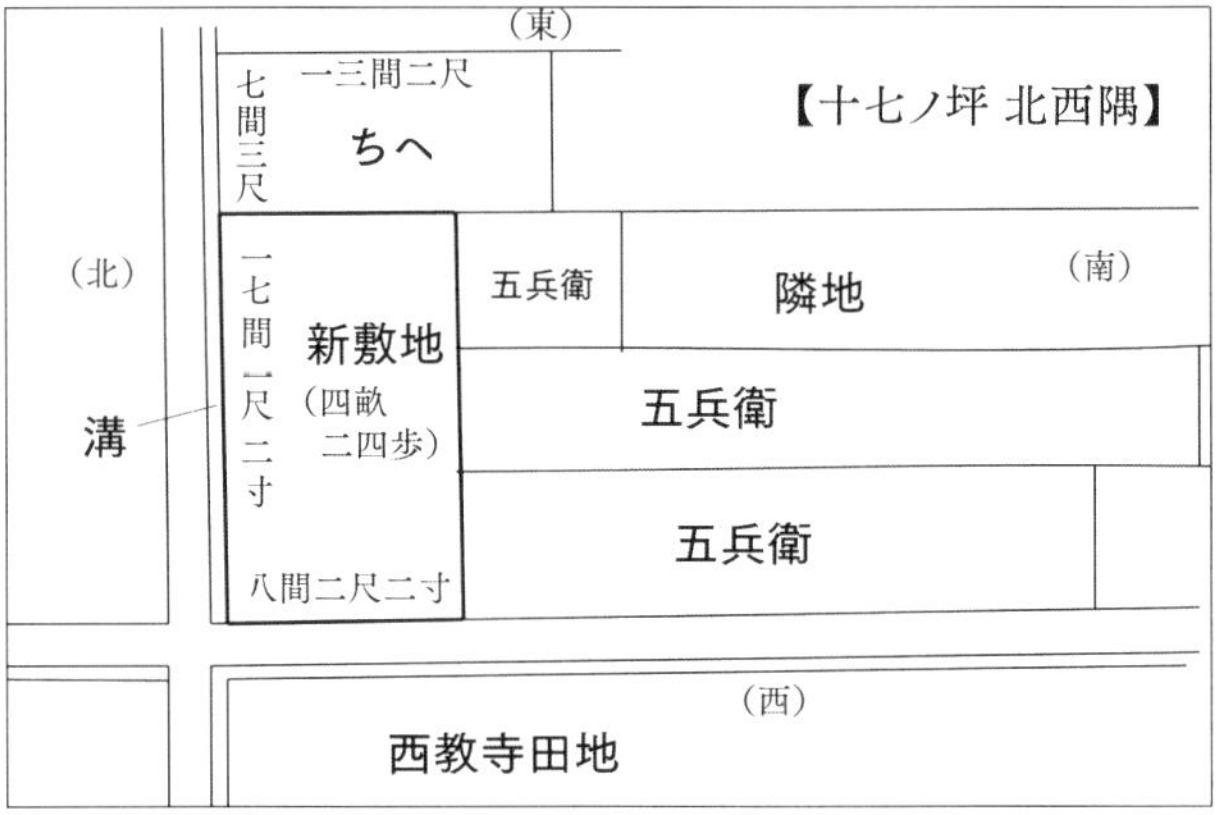

図19　五兵衛宅の分合後の推定敷地割

このように改変すれば、敷地形状が短冊形ではなく、建物群を納めやすくプロポーションの良い矩形になり、東、西、南も前述の屋敷や田地に隣接するようになる。（なお「ちへ屋敷」は「安政五年名寄帳」では名義が父親の「庄九郎」になっている。）

多くの建物群を敷地内に構えたい豊かな農家や西教寺などにとっては、田畑の形をそのまま継承した短冊形の敷地形状は不都合なので、おそらく安政期よりずっと以前から、自宅の周辺の土地を機会を見ては入手し、それらを分合再編して、建物群の収まりの良い敷地形状に改変していったものと思われる。

しかしその際にも、延宝検地における面積や石盛《こくもり》*の基本からは逸脱しないよう、敷地割の変更をしたものと思われる。五兵衛宅においても、敷地形状は変わっても「中田四畝二十四歩」の基本面積は維持されるよう、新たに敷地割したのであろう。

このようにしてできた五兵衛の敷地に対して、前述の質物の建物群はどのように配置

*土地の状況などから設定された一反当たり米生産量の格付け

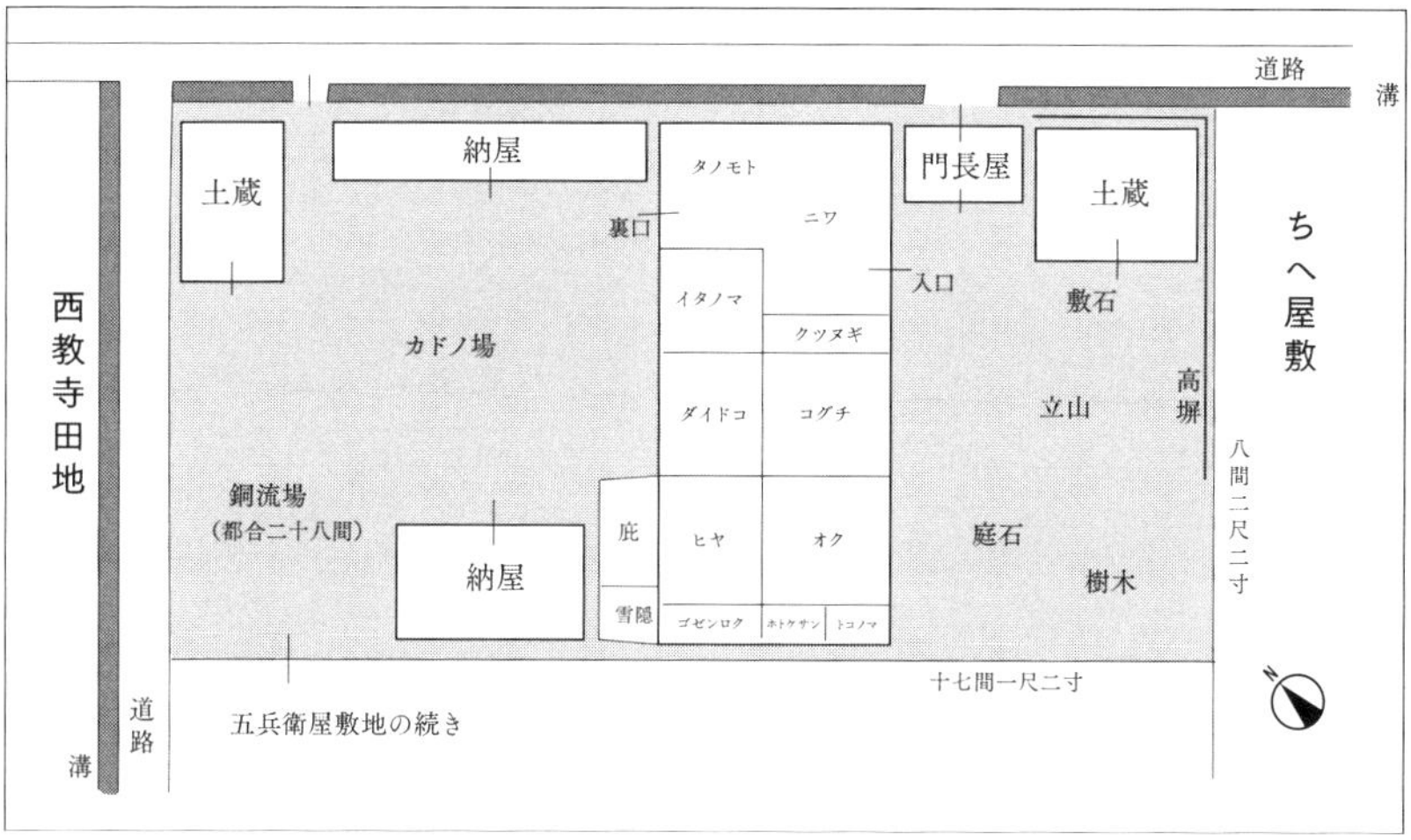

図20　五兵衛宅推定図

されていたのであろうか。この「証文」の記述に近いであろうと推定した配置を図20に示す。この推定にあたっては、『被差別部落の民俗伝承（下巻）』にある「和泉K宅」の図や*、米軍が撮影した空中写真（四五ページ図6）における該当箇所を参考にした。

この図の推定においては、母屋を敷地の中ほどに棟行が東西になるように置き、その南側に樹木、庭石、立山（築山）などからなる鑑賞的な庭を配置し、北側には、カドノ場**や銅流場などの作業空間を配置してみた。法事の際の住職など、かしこまった客は門長屋から入り、南の庭の入口から「オク」の間に通り、普段の家族や奉公人などは、北の土蔵脇の門から入り、カドノ場から裏口に通るという想定である。

＊部落解放研究所編『被差別部落の民俗伝承（下巻）』解放出版社、一九九四年、二七〇
＊＊穀物や豆を干したり、臼挽きをしたりする場：『被差別部落の民俗伝承（下巻）』、二七〇

この図のうち「銅流場」は、五兵衛が銅の精錬でもやっていたのであろうか。あるいは「小間物屋五兵衛」と言われていた五兵衛なので、何らかの小間物関係の工程の場所であったのであろうか。「都合二十八間」という記述とともに、銅流場の実態は不明なので、図には一応このように書き込んでおいた。

また『ある被差別部落の歴史』には、（母家の）「続きに職部屋」があるように書かれているが[*]、これはこの「証文」とは別の文書に、五兵衛宅の母家続きに職部屋があるとの記述があるので[**]、そのように書かれたものと思われる。その職部屋は、この図の北西側の納屋がそれにあたるのか（安政五年時点では職部屋をやめて納屋に使っていたとして）、または南に地続きにあるもう一つの五兵衛屋敷地の方にあったかの、いずれかであろう。

さてここで、明治五年時点の五平宅のことに話を戻す。いったん質物になったこの住宅に、おそらく五平（六代目五兵衛）三二歳は住んでいたのであろう。母、妻、三人の息子、一人の娘の、計七人の住まいであった。南王子村の中に貸地六カ所、計百九坪を所有していた。祖父の代には貸地が三五カ所あったのだから、ずいぶん減らしたことになる。

その貸地六カ所は「下帳」から明らかで、屋敷番号からいって、この五平宅の近所にあると思われる。先に述べた安政五年現在の、南に地続きの「五兵衛屋敷地」はその後細分化し、貸地や貸家にしたと考えられる。坪数はそれぞれ、五、六、一三、一四、二九

＊『ある被差別部落の歴史』四九
＊＊『奥田家文書』第五巻、一五

〇、二七坪である。この六カ所の貸地のうち、貸家は三カ所（家主は五平ではない）、借地人が自分で家を建てたと思われるもの（借地持家）が三カ所である。この六カ所の住人の職業は、日稼業が五、髪月代《さかやき》職業が一であり、合計二九人がここに暮らしていた。

五平の農地は、この頃には南王子村の中にはすでになく、出作の田を王子村に一反二三歩、尾井村に一反二一歩持っているのみである。だから五平はこの頃は、正確な意味での高持百姓ではなく、出作の石高が二石八斗余ということから、住宅や敷地は村内最大を誇ったが、経済・社会的には、小規模な農家に甘んじる状態になっている。祖父の代の村内最高の持高一一石余から比べると、誠に苦しい状況にあったと思われる。

④弥三八宅*

五平宅に次いで二番目に大きな住宅は、表14（一六四ページ）の「全体」にあるように、三間・六間の二軒である。それは弥三八宅と惣十郎宅で、いずれも農業であり、伍長を務めていた。この二軒以外にも「余裕住宅層」の事例を続けて二例挙げるが、いずれも農家であり、住宅は持地・持家である。

弥三八宅の記録は、「壬申戸籍」にはなく（第六章で述べたように、この戸籍帳は屋敷番号が一番から三〇〇番までであり、弥三八宅は三九六番）、「明治四年戸籍下帳」に二カ所、「明治五年戸籍下帳」に一カ所見られる。このうち、住宅や農地、資産の詳細は「四年

*『南王子村文書』第一巻、二六、三二三、三二八、五四六

下帳」のうちの一カ所に記載されている。ただしこのうち住宅と宅地に関しては、辻褄が合わない記載がなされている。

調査にあたった担当者が聞き損じたか、弥三八か家族が曖昧な答えをしたか、あるいは事実複雑な住宅事情にあったか、そのようなことが考えられるが、以下には筆者の推断でもって、当らずと言えども遠からずと思える所を書くことにする。二つの「戸籍下帳」の三カ所を総合すると、弥三八宅は次のようなことになる。

弥三八の父、弥惣八はこの戸籍調査の最中に、七六歳で亡くなった。当時弥三八は駒吉を名乗り二〇歳、まだ独身であった。父亡き後、彼は父の名を継ぎ一文字違いの弥三八を名乗り、とめ一八歳を妻に迎えた。

これとともに、同居していた三人の姉（三九歳、二五歳、二二歳）のうち上の二人は他へ移り、三番目の姉と妻、そして弥三八の三人が一緒に暮らすことになった。屋敷地は五畝（一五〇坪）あり、「蔵壱ケ所」がある。納屋などについては、前述のような事情で、記載はない。

農地は、南王子村内には一反三畝の田を持ち、出作として中村に一反八畝二七歩、大園村に一反三歩、太《たい》村に七畝一八歩の田を所有していた。いずれも南王子村からは離れた場所にあり、耕作、管理、採り入れは、家族三人、しかも男手一人では、とても大変であったであろうと思われる。必要に応じて日稼業の者を雇ったのであろう。

これら農地の石高は、村内については二石弱と多くはないが、出作を合わせると五石九斗八升になり、トータルでは「大の中」の規模の農家であった。貸家や貸地の記載はないが、借家人の家主名記載の中に弥三八の名前があり、その屋敷番号の続き具合から、近隣に若干の屋敷地や貸家を所有していたことが分かる。

⑤惣十郎宅*

惣十郎五二歳は、妻、二男、娘と四人暮しである。伍長を務めている。宅地は八七坪と、五平や弥三八に比べれば小さいが、隣地に長男徳松二一歳を住まわせており（屋敷番号が続いていることから隣地と推定）、その宅地三四坪と合わせると一二一坪となり、さほど見劣りするものではなかったであろう。惣十郎、徳松のそれぞれに、宅地内に「蔵壱ケ所」と「牛壱疋」があり、次に述べる石高の多さも勘案すると、この親子の農業経営はかなり活発であったことが分かる。

惣十郎は農地を、南王子村内に田二反八畝七歩、畑一反二畝二九歩所有している。この石高は合わせて五石七斗四升二合と大きな石高である。ちなみに明治五年時点での村内所有石高の最高は、次に述べる由太郎の七石余であり、惣十郎は第三位である。

出作地は、王子村に一反二畝二歩、尾井村に四畝五歩、池上村に一反二八歩の田がある。三村合わせて四石一斗八升四合七勺、村内分も合わせると約一〇石の石高である。

＊『南王子村文書』第一巻、一八九、三三八

貸地は四カ所ある。

隣地の長男徳松は、*村内には農地を所有せず厳密な意味での「高持百姓」ではないが、王子村に一町一反三畝二〇歩の広大な出作地を、恐らくは父惣十郎から譲られて所有している。この石高は一八石八斗二升四合九勺、出作ながらこれは村内最大の石高である。前述の三四坪の宅地に、二間半・五間の住宅を持つ。妻とは「不縁に付き」離縁し、一人で住んでいる。

⑥由太郎宅**

由太郎三三歳は、貸屋敷地二五カ所、その総面積二反一畝一六歩を南王子村に所有しており、当時、村内最大の地主・家主である。農地も、田四反九畝、畑二畝一九歩を村内に所有しており、その石高七石三升八合は、村内石高としては第一位である（ただし庄屋利平治については前述のように不明であるので、これを除く）。

出作は、王子村、尾井村、中村、冨秋村に、合計八反三畝八歩の田畑を所有しており、その石高一一石三斗九升は、前述の徳松や、次に述べる久平に次いで、出作石高において第三位である。村内と出作を合わせた総石高一八石四斗三升五合四勺は、前述の徳松にわずかに及ばないが、徳松はそのすべてが出作なので、高持百姓としては、由太郎が第一位である。

＊『南王子村文書』第一巻、一八九、三三九
＊＊『南王子村文書』第一巻、一、一五二、三〇二

このように農業経営、不動産経営において当時村内で最も成功していた由太郎は、自らの屋敷地一三一坪に、二間半・六間の母屋、蔵一カ所があり、経営規模にしては住まいは地味なものであった。この住宅に由太郎と、妻三六歳、長男一〇歳、長女一六歳、二女一歳が住んでいる。

⑦久平宅*・久太郎宅**

久平二九歳の出作石高は、一一石九斗二升六合五勺と、徳松に次いで村内第二位である。出作地は、王子村、尾井村、池上村にあり、計八反三畝二五歩所有している。このほかに南王子村内に二反四畝二五歩（石高三石四斗八升四合）の田畑を所有しており、南王子村の農家として「大の大」の規模である。加えて、貸屋敷地を一一カ所、計六畝一四歩（一九四坪）所有し、ほかに質屋を営んでいるなど、かなりな資産家であった。

住宅は、九〇坪の屋敷地に二間半・四間半の母家があり、土蔵が一カ所あった。資産家としては大きいとは言えないこの土地建物に、久平、妻、長女、長男、母、祖母、姪の計七人が暮らしていた。

久平の弟久太郎二四歳は、久平の隣地に住んでいる（屋敷番号から推定）。屋敷地四八坪に、二間半・五間の母家があり、ここに妻と二人で住んでいる。敷地は兄の半分ほどだが、母家の建坪は若干大きい。兄と同様、出作地の田を王子村、尾井村、池上村に、

＊『南王子村文書』第一巻、八、一六六、二九六、三八二
＊＊同、五、一六六、三〇五、三八一

計五反四歩（高七石六斗四升二合七勺）所有している。このほか村内に六畝一四歩の田畑を所有している。石高総計は八石四斗三升八合七勺あり、大の部類の農家である。久平・久太郎の兄弟の資産は、兄弟の年齢からして亡父『久兵衛』の遺したものであろうが、合わせて二〇石余の石高は、当時村内で最大級を誇るものであった。

ところで『ある被差別部落の歴史』では、文政四年（一八二一）に二五人もの大家族であった九兵衛家のことを紹介し、その「大家族が暮すには、相当大きな居宅を必要としたであろうが、それを教えてくれる史料は残っていない」*としている。

この「九兵衛」は、久平・久太郎兄弟の祖父にあたる可能性が高いと思うが、兄弟に遺された合計一三八坪の宅地があれば、母家と付属屋に二五人を収容した時代があったことは、考えられることである。むしろ、これら大勢の親類縁者が一緒に暮らしていることの方が、村内最大級の田畑を獲得し、維持してゆく上で、有利であったのであろう。なお三田智子氏は、文政一三年（一八三〇）現在の九兵衛（二石四斗七升）について、人別帳に基づいて、当時一八人いた同居人の背景を詳しく分析している。**

＊『ある被差別部落の歴史』三〇
＊＊三田智子「泉州南王子村における村落構造の変化」『部落問題研究』一八五号、二〇〇八年、六一

おわりに

村落空間の歴史は、地面にそれが物理的に刻まれることによって知ることができる。その痕跡は、明瞭か不明瞭かはともかく、何らかの形で現代に遺されている。本著ではこうした手掛かりに加え、絵図や地図、文書《もんじょ》などの文献的史料にも依拠しつつ、南王子村の村落空間形成と、その結果としての住宅、その中での住生活を考察してきた。

「はじめに」で述べた「私の南王子村研究の基本的な問題意識、スタンス」であるこの村の「エネルギーや逞しさは、どこから来ているのであろうか」の自問に関しては、次の二つの源泉にたどり着くというのが、本稿を終えての自答である。

一つの源泉は、農業者集団としての自立*と成長である。その自立の原初は、中世の「どうきが原」時代に置くことができよう。このどうきが原の集落は現在、その場所とおおよその規模を特定できる。ここにおいて人々は、周辺の未開の土地や条理地割の跡地を開墾することにより自らの農地を獲得し、そして惣ノ池の築造により農業用水を確保した。

近世に入った時期に人々は「除地屋敷」に移住した。それによって条里地割にある農

＊当然ながら当時の時代背景の中での制約された「自立」である。

地の近隣に住むことができるようになった。しかし同時に、王子村など一般村落に組み入れられることにより、社会的な軋轢にも直面することになる。この「除地屋敷」の場所と規模は現在正確に特定できるが、集落の形態的な姿については、想像を働かせるしかない。この「除地屋敷」時代の約百年間にも、人々は農業生産を発展させたであろう。しかし、この生産の発展と集落規模との間にはおそらく矛盾が発生・拡大し、加えて王子村との軋轢が激しくなったことを契機として、人々は「一村立」に動き、それを実現した。ここに至って農業者集団としての自立が達成されたと言ってよかろう。「一村立」後の南王子村において、間もなく雪踏生産が始まる。これが雪踏表づくりの段階から、草場における皮革獲得にも後押しされて、総合的な雪踏産業へと伸展するに従い、それにより産み出された資金と大量の日稼業層を背景として、他村への出作が本格化する。ここに至って南王子村は、農業者集団としての壮年期を迎えたと言えるのではなかろうか。*

　このような成長に伴って江戸時代後期には村は集落と呼ぶにはふさわしくない大規模で過密なものとなり、その姿は都市の様相を帯びるようになった。本著で南王子村を「村落」と呼ぶことにした所以である。そして、農業者集団としての村は、明治以降に入ってもさらに成長を続けてゆくことになる。**

「エネルギーや逞しさ」のもう一つの源泉は、モノづくり集団としての発展である。前

＊農家を個別に見れば、第七章で見たように、成長・衰退の様々な様相があるし、持高による大きな格差もある。この成長は、あくまでも全体的に見た中での話である。

＊＊明治期、大正期に至っての「成長」の様子は『和泉市の歴史4』四一四～四一五、三九九～四〇一が伝えている。

述のように、雪踏表づくりに始まり、商業を含む総合的な雪踏産業の確立に至るまで、南王子村は一つの村のみで、村ぐるみで雪踏における「モノづくり集団」としての地歩を確立した。この雪踏産業は明治以降に入っても継承発展されるとともに、そこで培われたモノづくりの資質は、ガラス加工、人工真珠などの村内独自の地場産業へと引き継がれていったと言って良かろう。

本稿を終えるにあたって感じることは、一村落とはいえ、南王子村の担ってきた歴史を研究することがいかに深く重いか、ということである。加えて、その空間の姿を究明することの難しさであった。従って本稿は、南王子村の空間形成というテーマに関して、その概要を述べるにとどまった、という感触を持って終えざるをえない。

今後は、こうした感触を払拭するために、さらに研究を進めていきたいと思う。

本著の意義は、今まで行われてこなかった空間形成の側面から、南王子村を考察したことであろう。この出版が、そうした側面からの部落問題研究の前進や、地元や関係者の方々のご参考になれば、これに勝る幸せはない。

本書の出版に当たっては、部落研究の第一人者である和歌山大学名誉教授の藤本清二郎様から、多くの懇切なご指摘・ご指導をいただいた。深く感謝申し上げたい。また地元で長年にわたって南王子村を研究しておられる藤野徳三様からは、直接、間接に、様々な歴史的出来事のことなどをご教示いただいた。和泉市人権文化センターの吉岡隼平様からは、現地調査や資料面などにおいて、再三にわたり大変お世話になった。また私の所属する椙山女学園大学の研究者からも手助けをいただき、あるいは貴重なご意見をお寄せいただいた。そして出版にあたっては、風媒社編集部の林桂吾様に大変お世話になった。これらの方々に、記して厚くお礼を申し上げたい。

なお、本書の出版に際しては、椙山女学園大学より「平成二七年度学園研究費助成金（D）出版助成」の支援を受けた。このことを記して感謝の意を表したい。

付表－南王子村歴史年表（明治５年まで）

元号	年	西暦	南王子村関連事項　全国動向	関連ページ
		4c 後半	百済人百千の子孫と伝えられる「信太首」渡来	15
		4c 末～ 5c	河内・和泉にヤマト政権の盟主権（古市・百舌鳥古墳群）	14
		～ 5c 初頭	日本で最古に属する窯跡（大野池地区の濁り池斜面、大野池西）	17
		5c-	大野池地区で須恵器生産。信太首によると思われる。	17
		5c 後半～	大園集落（渡来人集団。須恵器の流通。信太首によるか。現在の大園遺跡）	22
		5c 末	大野池地区の須恵器生産ピークが終わり、以降細々とした状態。8世紀で終了。	23
		6c	「信太千塚」古墳群（信太首以外の氏族のもの）	
		6 c中頃	**百済より仏教公伝**	
		6-7c	大野池築造	24
		663	**白村江の戦い、百済滅亡。百済の遺民が大量に渡来。**	
		7c 後半	信太寺建立。信太首の建立と言われている。	26
白鳳	3	675	勅願により信太首が聖神を祀った（聖神社の記録）。霊亀年間説もある。	26
大宝	1	701	**大宝律令（神祇令）できる。**	26
和同	3	710	**平城京遷都**	
霊亀		715-717	霊亀年間、信太大明神聖神社が現在地に鎮座、村人の先祖は本殿の東に居住、との伝承。	28
	2	716	聖神社が和泉五社大明神のうち第三位に列せられた。	
延暦	13	794	**平安京遷都**	
貞観	1	859	聖神社が官社に（従五位下→従四位下）。この頃村人の先祖は日本名に改名との伝承。	30
			この頃（平安時代）、神宮寺である万松院（奥の院）が聖神社東方に造られた。	32
			安倍清明（921 － 1005）	
		10 c頃～	**ケガレ観などに基づいて屠者たちが神社の境内やその周辺から排除されはじめた。**	
文治	1	1185	**鎌倉幕府**	
宝治		1247-49	中世のいずれかの時点で「どうけが原」に移転。宝治頃か。	34
正応	2	1289	この頃までに聖神社は、神階を正一位に昇格されている。	
			戦国時代（15c 後半～ 16c 後半）	
		～ 16c 中頃	上泉郷の、後に南王子村になる地域が開墾され、また惣ノ池が築造された。	38
天正	13	1585	豊臣秀吉の根来・雑賀攻めで、聖神社が兵火に遭う。	
文禄	3	1594	太閤検地。村民は上泉郷（南王子村の場所）に古検高 146 石2斗8升を保有。	
	3	1594	西教寺、検地に際して 4 畝 17 歩が除地の扱い。	
慶長	5	1600	**関ヶ原の戦い**	
	5	1600	「どうけが原」から「除地屋敷」（のちに「古屋敷」）へ移転との伝承。	48
	8	1603	**江戸時代（～明治元 1868）**	
	9	1604	豊臣秀頼が施主になり聖神社再建（造営）	
			大坂の陣（冬：慶長 19、夏：慶長 20）	
寛文	10	1670	西教寺、京都福専寺の末寺として寺格を許される。	185
延宝	7	1679	検地帳に「穢多屋敷」についての記載（35間3尺・32間5尺5寸　3反8畝28歩　壱囲）。	52
	7	1679	検地の結果、上泉郷に、新検142石4斗7合となる。	

貞享	3	1686	「南王子村」の呼称はじまる。	
元禄	3	1690	死牛馬取捌に関する村民の誓約書に 56 名署名	60
	4	1691	「除地屋敷」大火	130
	7	1694	焼き打ち事件。12 月 19 日（新暦 1695 年 2 月 2 日）9ッ時。	57
	8	1695	死牛馬解捌取極一札に 24 名署名（「密ニ夜之中ニときに参可申候」）	60
	10	1697	王子村による南王子村の分村化の策動（「支郷化事件」）	58
	11	1698	上泉郷へ挙村移住（家数 32 軒、人数 203 人と由来）。「一村立」	56
			移住とともに王子村村域などにある従来の農地は「出作」の扱いに。	
			元禄頃から雪駄生産が盛んに。	
	12	1699	「古屋敷」についての書き出し。全て上畑で 29 筆（反畝合 3 反 8 畝 28 歩）	66
正徳	3	1713	家数 94 軒、人数 403 人。「竹皮ぞうり」づくりが村の女性の中で行なわれている。	63 73
享保	16	1731	68 軒焼失の大火（庄屋宅含む）記録類焼失。十二月廿四日ハ中道より東不残出火	132
寛保	1	1741	字小栗海道　往還道　当村領内　長七拾間　道幅八尺	
延享	4	1747	一橋領知に（これまではほぼ幕領代官支配）	
寛延	2	1749	村内「入縺れ事件」が原因で、庄屋二人制に（年毎交代）。	127
明和	9	1772	中村稲荷一件（『ある被差別部落の歴史』p119）	
安永	2	1773	疫病流行	153
天明	2	1782	千原騒動（～天明3年、『ある被差別部落の歴史』p122）	
	4	1784	雪踏を作っている家が村内に 2 軒。	74
寛政	1	1789	御検地碁盤絵図・屋敷絵図が作成された。	93
	2	1790	家数 184 軒　惣人数 864 人　内 457 人男　406 女　外に 5 人他所へ奉公に罷出申候	
			…小栗海道筋、居村中ヲ通り申候、南北 75 間、巾 6 尺	
文政			このころ居風呂での商売風呂屋が村内に登場。天保頃に村の関与する「中風呂」に。	111
	9	1826	牛頭天王社（明治5年に八坂神社と改名）が困難のなか創建された。	
天保	1	1830	大入縺れ一件（～天保6、『ある被差別部落の歴史』p148）	
天保	3	1832	村高 143 石 1 斗 3 升 3 合	
	4	1833	…王子村境より…伯太村境迄、南北3町、東西3町半	
			天保の大飢饉。南王子村においても…	129
嘉永	7	1854	11 月 4 日・5 日（旧暦）、安政東海地震と安政南海地震。村では住宅 2 戸全壊、14 戸半壊。	141
安政	2	1855	8 月 20 日（新暦 9 月 30 日）大風雨（台風）。住宅被害 59 戸、うち全壊 6 戸。	143
文久	1	1861	昨夏より餓死・老病死 82 人、現在病床にあるもの 78 軒 125 人（3 月 25 日）	152
	2	1862	麻疹大流行（1297 人罹患、人口の 65%ほど、うち死者 100 人）	148
明治	1	1868	**明治維新**	
	4	1871	辛未戸籍	154
	5	1872	壬申戸籍。陸軍信太山演習場開設	154

［著者略歴］
高阪謙次（こうさか・けんじ）
1946年、名古屋市生まれ。1971年、名古屋大学大学院工学研究科 修士課程建築学専攻修了。工学博士。現在 椙山女学園大学生活科学部教授。
共著書に『老人と生活空間』（ミネルヴァ書房）、『高齢化社会と生活空間』（中央法規）、『地域で住まう―玄関のあるくらし―』（風媒社）、『住居の権利』（ドメス出版）、『現代住宅の地方性』（勁草書房）、『住まいの事典』（朝倉書店）ほか。

装幀／三矢千穂

椙山女学園大学研究叢書 46
泉州南王子村の村落空間形成

2016年2月29日　第1刷発行　（定価はカバーに表示してあります）

著　者　　高阪　謙次
発行者　　山口　章

発行所　名古屋市中区上前津2-9-14　久野ビル
電話 052-331-0008　FAX052-331-0512
振替 00880-5-5616 http://www.fubaisha.com/　風媒社

乱丁・落丁本はお取り替えいたします。　＊印刷・製本／シナノパブリッシングプレス
ISBN978-4-8331-0571-2